커피·와인·제빵·샐러드·호텔조리·레스토랑 일본어 회화 실무

외식조리 실무일본어회화

김태광 저

(주)백산출판사

머리말

글로벌 시대를 맞이하여 외국어의 필요성은 나날이 증대하고 있습니다. 또한 우수한 외국어 서비스 구사능력은 나날이 치열해지고 있는 외식업 시장에서 하나의 큰 경쟁력 확보방안이 될 수 있을 것입니다.

이 책은 카페, 와인, 샐러드, 호텔조리, 호텔레스토랑 등 외식조리 분야의 일본어 회화 최적화를 지향하는 학습서입니다. 카페에서부터 와인바, 백화점, 마트, 테이크아웃, 쇼핑, 전화응대 등 일련의 외식조리업 실무에서 사용하는 일본어 회화와 용어를 전반적으로 습득할 수 있도록 배려하였습니다.

그리고 가능한 한 일본어 단어에 대응하는 영어 단어도 함께 병기하여, 조리용어에서의 외국어 글로벌화, 생활체득 학습을 목표로 삼았습니다. 요컨대, 시너지 효과를 크게 기대할 수 있는 학습서라 말씀드릴 수 있겠습니다.

또한, 교재에서는 한일 외식사정 정보 비교나 외식업 시사 등을 인용하여 독해능력을 기르고 관련 정보도 체득할 수 있도록 배려하였습니다. 관련 기사에서는 최근 인기를 끌고 있는 한국의 여행정보 등을 제공하는 '코네스트(KONEST)' 홈페이지 수록 관련자료 기사 등을 일부 인용, 활용하였습니다. 이에 감사를 표합니다.

모쪼록 이 책으로 공부하시는 여러분들은, 흥미와 자신감을 가지시고 반복 학습을 통해 외식업 일본어 회화를 자연스레 몸에 익혀, 목표하는 바를 꼭 거둬 나가시기를 바랍니다.

마지막으로 이 책의 출간을 흔쾌히 수락해주시고 정성을 다해주신 백산출판사 대표 이사님을 비롯한 관계자분들께 감사를 드립니다.

著者

이 책의 구성 및 특징

▶ 체계적인 외식/조리 학습 교재

▶ 커피/와인/제빵/샐러드/호텔조리/호텔레스토랑 등에 최적화 지향

▶ 각 과마다 목표달성을 위한 7단계 과정 설정

- ▌본문 1▌ ▌본문 2▌로 각 단원 회화 본문과 단어 연습
- 외식조리분야 주요 파트별로 단어 및 주요회화 표현 연습
- 외식 시사분야 등 독해 연습
- 핵심단어 및 관용적인 표현 작문 연습
- 기본 인사말 병행 습득으로 실무 및 생활 회화력 쑥쑥!

▶ 기본회화, 기본어휘, 기본문법, 기본독해, 일본문화 등 외식조리분야 일본어회화 기초를 다지는 데 충실

차례

일본어의 ひらがな(히라가나)

단 / 행	1단 あ(아)단	2단 い(이)단	3단 う(우)단	4단 え(에)단	5단 お(오)단
あ (아)행	あ a(아)	い i(이)	う u(우)	え e(에)	お o(오)
か (카)행	か ka(카)	き ki(키)	く ku(쿠)	け ke(케)	こ ko(코)
さ (사)행	さ sa(사)	し shi(시)	す su(스)	せ se(세)	そ so(소)
た (타)행	た ta(타)	ち chi(치)	つ tsh(츠)	て te(테)	と to(토)
な (나)행	な na(나)	に ni(니)	ぬ nu(누)	ね ne(네)	の no(노)
は (하)행	は ha(하)	ひ hi(히)	ふ hu(후)	へ he(헤)	ほ ho(호)
ま (마)행	ま ma(마)	み mi(미)	む mu(무)	め me(메)	も mo(모)
ら (라)행	ら ra(라)	り ri(리)	る ru(루)	れ re(레)	ろ ro(로)
や (야)행	や ya(야)		ゆ yu(유)		よ yo(요)
わ (와)행	わ wa(와)				を o(오)
ん n	ん n(은 / 응)				

일본어의 로마자 표기 カタカナ(카타카나)

단 / 행	1단 ア(아)단	2단 イ(이)단	3단 ウ(우)단	4단 エ(에)단	5단 オ(오)단
ア (아)행	ア a(아)	イ i(이)	ウ u(우)	エ e(에)	オ o(오)
カ (카)행	カ ka(카)	キ ki(키)	ク ku(쿠)	ケ ke(케)	コ ko(코)
サ (사)행	サ sa(사)	シ shi(시)	ス su(스)	セ se(세)	ソ so(소)
タ (타)행	タ ta(타)	チ chi(치)	ツ tsu(츠)	テ te(테)	ト to(토)
ナ (나)행	ナ na(나)	ニ ni(니)	ヌ nu(누)	ネ ne(네)	ノ no(노)
ハ (하)행	ハ ha(하)	ヒ hi(히)	フ hu(후)	ヘ he(헤)	ホ ho(호)
マ (마)행	マ ma(마)	ミ mi(미)	ム mu(무)	メ me(메)	モ mo(모)
ラ (라)행	ラ ra(라)	リ ri(리)	ル ru(루)	レ re(레)	ロ ro(로)
ヤ (야)행	ヤ ya(야)		ユ yu(유)		ヨ yo(요)
ワ (와)행	ワ wa(와)				ヲ o(오)
ン n	ン n(은 / 응)				

탁음 / 반탁음 / ひらがな(히라가나) が行~ぱ行

단 / 행	1단	2단	3단	4단	5단
	が(가)단	ぎ(기)단	ぐ(구)단	げ(게)단	ご(고)단
が (가)행	が ga(가)	ぎ gi(기)	ぐ gu(구)	げ ge(게)	ご go(고)
ざ (자)행	ざ ja(자)	じ zi(지)	ず zu(즈)	ぜ ze(제)	ぞ zo(조)
だ (다)행	だ da(다)	ぢ ji(지)	づ ju(즈)	で de(데)	ど do(도)
ば (바)행	ば ba(바)	び bi(비)	ぶ bu(부)	べ be(베)	ぼ bo(보)

ぱ (파)행	ぱ pa(파)	ぴ pi(피)	ぷ pu(푸)	ぺ pe(페)	ぽ po(포)

탁음 / 반탁음 / カタカナ(카타카나) ガ行~パ行

단 / 행	1단	2단	3단	4단	5단
	ガ(가)단	ギ(기)단	グ(구)단	ゲ(게)단	ゴ(고)단
ガ (가)행	ガ ga(가)	ギ gi(기)	グ gu(구)	ゲ ge(게)	ゴ go(고)
ザ (자)행	ザ ja(자)	ジ zi(지)	ズ zu(즈)	ゼ ze(제)	ゾ zo(조)
ダ (다)행	ダ da(다)	ヂ ji(지)	ヅ ju(즈)	デ de(데)	ド do(도)
バ (바)행	バ ba(바)	ビ bi(비)	ブ bu(부)	ベ be(베)	ボ bo(보)

パ (파)행	パ pa(파)	ピ pi(피)	プ pu(푸)	ペ pe(페)	ポ po(포)

일본어의 요음 ひらがな(히라가나) / カタカナ(카타카나)
(きゃ行~らゃ行 / ぎゃ行~びゃ行 / ぴゃ行)

きゃ	キャ	きゃ	キャ	きゅ	キュ	きょ	キョ
(캬)행		gya(캬)		gyu(큐)		gyo(쿄)	
ぎゃ	ギャ	ぎゃ	ギャ	ぎゅ	ギュ	ぎょ	ギョ
(갸)행		gya(갸)		gyu(규)		gyo(교)	
しゃ	シャ	しゃ	シャ	しゅ	シュ	しょ	ショ
(샤)행		sya(샤)		syu(슈)		syo(쇼)	
じゃ	ジャ	じゃ	ジャ	じゅ	ジュ	じょ	ジョ
(자)행		sya(자)		syu(주)		syo(조)	
ちゃ	チャ	ちゃ	チャ	ちゅ	チュ	ちょ	チョ
(다)행		zya(챠)		(츄) zyu		(쵸) zyo	
にゃ	ニャ	にゃ	ニャ	にゅ	ニュ	にょ	ニョ
(냐)행		nya(냐)		nyu(뉴)		nyo(뇨)	
ひゃ	ヒャ	ひゃ	ヒャ	ひゅ	ヒュ	ひょ	ヒョ
(햐)행		hya(햐)		hyu(휴)		hyo(효)	
びゃ	ビャ	びゃ	ビャ	びゅ	ビュ	びょ	ビョ
(뱌)행		hya(뱌)		hyu(뷰)		hyo(뵤)	
ぴゃ	ピャ	ぴゃ	ピャ	ぴゅ	ピュ	ぴょ	ピョ
(퍄)행		hya(퍄)		hyu(퓨)		hyo(표)	
みゃ	ミャ	みゃ	ミャ	みゅ	ミュ	みょ	ミョ
(먀)행		mya(먀)		myu(뮤)		myo(묘)	
りゃ	リャ	りゃ	リャ	りゅ	リュ	りょ	リョ
(랴)행		rya(랴)		ryu(류)		ryo(료)	

Chapter

1

カフェで
카페에서

학습포인트

1. 일본인의 인사법
2. 1잔, 2잔…, 1개, 2개…
3. ~할까요, 해 드릴까요?

1 カフェで 카페에서

회화 I

スタッフ ： いらっしゃいませ。何になさいますか。

田中 ： アメリカーノ1杯ください。

スタッフ ： はい。ホットになさいますか？
アイスになさいますか。

田中 ： ホットでください。

スタッフ ： お召し上がりですか？お持ち帰りですか。

田中 ： 持ち帰ります。

スタッフ ： カップホルダーにお入れしましょうか。

田中 ： いいえ、そのままください。

본문해석

스태프 : 어서오십시오. 뭘로 하시겠습니까?

타나카 : 아메리카노 한 잔 주세요.

스태프 : 네, 뜨거운 것으로 하시겠습니까? 차가운 것으로 하시겠습니까?

타나카 : 뜨거운 것으로 주세요.

스태프 : 드시고 가십니까? 가지고 가십니까?

타나카 : 가지고 갑니다.

스태프 : 캐리어에 담아 드릴까요?

타나카 : 아뇨, 그냥 주세요.

단어

- いらしゃいませ : 어서오십시오
- アメリカーノ : 아메리카노
- ～で ください : ～로 주세요
- ホット : 뜨거운
- 召(め)し上(あがる : 드시다
- カップホルダー : 캐리어
- いいえ : 아니요
- 何(なに) : 무엇, 뭘
- 1杯（いっぱい） : 1잔
- はい : 네
- アイス : 차가운, 아이스
- 持(も)ち帰(かえ)る : 가지고 가다
- 入(い)れる : 넣다, 담다
- そのまま : 그냥, 그대로

회화 Ⅱ

スタッフ : ご注文を、どうぞ。
田中 : カフェモカ1つと、チーズケーキを1つください。
スタッフ : 生クリームはのせてもよろしいですか。
田中 : はい、入れてください。
スタッフ : かしこまりました。これ振動ベルなんですが、
鳴ったら取りに来てください。
田中 : はい。
スタッフ : はい、どうぞ。おいしく召し上がってください。
田中 : はい、どうも。

본문해석

스태프 : 뭘로 하시겠습니까?
타나카 : 카페모카 1잔 하고 치즈케이크 1개 주세요.
스태프 : 생크림 올려도 될까요?
타나카 : 네 올려 주세요.
스태프 : 네 알겠습니다. 이거 진동벨입니다만, 진동벨이 울리면 찾으러 와 주세요.
타나카 : 네.
스태프 : 자, 여기, 맛있게 드십시오.
타나카 : 네, 고마워요.

단어

- 注文(ちゅうもん)：주문
- カフェモカ：카페모카
- チーズケーキ：치즈케이크
- 生(なま)クリーム：생크림
- のせる：담다, 얹다
- 振動(しんどう)ベル：진동벨
- ～てもよろしいですか：~해도 될까요(~てもいいですか)
- 鳴(な)る：울리다
- ～たら：~하면
- 取(と)りに：찾으러, 가지러
- 来(く)る：오다
- はい、どうぞ：자, 여기
- おいしい：맛있다
- どうも：고마워요

해설

1. ~で카페에서

「で」는 우리말의 「~에서」「~로」에 해당되는 조사로, 장소, 수단, 방법, 재료 등을 나타내는데, 여기서는 장소를 가리킨다.

예 ① カフェで (카페에서)

② 果物屋(くだものや)で (과일가게에서)

2. ください주세요

「ください」는 「주세요」라는 뜻으로, 주로 물건을 살 때 쓰는 표현이다.

예 ① アメリカーノ1杯(いっぱい)ください(아메리카노 1잔 주세요)

② みかん みっつ ください。(귤 세 개 주세요)

③ えんぴつ さんぼん ください。(연필 세 자루 주세요)

④ きって にまい ください。(우표 두 장 주세요)

3. (동사의 ます형)~ましょう(か) ~합시다(할까요?)

[ましょう]는 동사 [ます]의 권유형임.

예 ① 乾杯(かんぱい)しましょう。(건배합시다)

4. 수사(數詞)

	고유 숫자	한자 숫자
1	一つ(ひとつ) 하나	いち 일
2	二つ(ふたつ) 둘	に 이
3	三つ(みっつ) 셋	さん 삼
4	四つ(よっつ) 넷	し·よん·よ 사
5	五つ(いつつ) 다섯	ご 오
6	六つ(むっつ) 여섯	ろく 육
7	七つ(ななつ) 일곱	しち·なな 칠
8	八つ(やっつ) 여덟	はち 팔
9	九つ(ここのつ) 아홉	く·きゅう 구
10	十(とお) 열	じゅう 십
11	十一(じゅういち) 열하나	じゅういち 십일
:	:	:

5. 조수사(助數詞)

	종이, 우표, 손수건, 접시 등	연필, 볼펜, 병, 포크, 담배 등	책, 노트, 사전 등	횟수	작은 동물; 고양이, 개, 벌레 등	건물의 층
조수사	~枚(まい) ~장	~本(ほん) ~자루	~冊(さつ) ~권	~回(かい) ~회(~번)	~匹(ひき) ~마리	~階(かい) ~층
1	いちまい	いっぽん	いっさつ	いっかい	いっぴき	いっかい
2	にまい	にほん	にさつ	にかい	にひき	にかい
3	さんまい	さんぼん	さんさつ	さんかい	さんびき	さんがい
4	よんまい	よんほん	よんさつ	よんかい	よんひき	よんかい
5	ごまい	ごほん	ごさつ	ごかい	ごひき	ごかい
6	ろくまい	ろっぽん	ろくさつ	ろっかい	ろっぴき	ろっかい
7	ななまい/しちまい	ななほん	ななさつ	ななかい	ななひき/しちひき	ななかい
8	はちまい	はっぽん	はっさつ	はちかい/はっかい	はっぴき/はちひき	はっかい/はちかい
9	きゅうまい	きゅうほん	きゅうさつ	きゅうかい	きゅうひき	きゅうかい
10	じゅうまい	じゅっぽん/じっぽん	じゅっさつ/じっさつ	じゅっかい	じゅっぴき/じっぴき	じゅっかい/じっかい
몇(부정)	なんまい	なんぼん	なんさつ	なんかい	なんびき	なんがい

관련 단어

<주요 커피(主(おも)なコーヒー)>

- エスプレッソ：에스프레소 espresso
- アメリカーノ：아메리카노 americano
- カプチーノ：카푸치노 cappuccino
- カフェラテ：카페 라떼 cafe latte
- カフェモカ：카페 모카 cafe mocha
- カフェオレ：카페 오레 cafe au lait
- ホワイトチョコレートラテ：화이트 초콜릿 라떼 white chocolate latte
- キャラメルマキアート：카라멜 마키아또 caramel macchiato
- ドリップコーヒー：드립커피 drip coffee
- アイスコーヒー：아이스 커피 iced coffee
- インスタントコーヒー：인스턴트 커피 instant coffee
- ブレンドコーヒー：브랜드 커피 blended coffee
- 缶(かん)コーヒー：캔 커피 canned coffee
- 本日(ほんじつ)のコーヒー：오늘의 커피 today's coffee

<주요 드링크(主なドリンク)>

- 紅茶(こうちゃ)：홍차/블랙티
- アッサム：아쌈
- ミルクティー：밀크티
- カモミール：캐모마일
- ハーブティー：허브티
- ペパーミント：페퍼민트
- 生(なま)フルーツジュース：생과일주스
- おひや：냉수
- アールグレイ：얼그레이
- ダージリン：다즐링
- チャイラテ：차이 티 라떼/차이라떼
- グリーンティーラテ：그린티 라떼/녹차라떼
- スムージー：스무디
- ホットチョコレート：핫 초콜릿
- ココア：코코아
- ミネラルウォーター：미네랄워터

- お水：물
- 砂糖：설탕
- 低脂肪牛乳：저지방우유
- おかわり(リフィル)：리필
- 薄い：연하다
- ナプキン：휴지/냅킨
- スティック：스틱
- シナモンパウダー：계핏가루/시나몬가루
- 牛乳：우유
- 豆乳：두유
- 濃い：진하다
- シロップ：시럽
- ストロー：빨대 / 스트로우

관련 주요 표현

- 職員：サイズはどうなさいますか？
  사이즈는 어떻게 하시겠습니까?
  客：大きいサイズでください。
  큰 걸로 주세요.
- 職員：(パンなどを) カットしましょうか？
  썰어 드릴까요?
  客：いいえ、そのまま下さい。
  아니에요. 그냥 주세요.
- 職員：マグカップでお出ししますか？ 紙コップでお出ししますか？
  종이컵으로 드릴까요? 머그잔으로 드릴까요?
  客：マグカップでください。
  머그잔으로 주세요.

- 職員：割引カードやポイントカードはありますか？
  할인카드나 적립카드 있으세요?
  客：いいえ、ありません。
  아니요, 없습니다.
- 職員：何になさいますか。
  뭘로 하시겠습니까?
  客：カフェラテ、一つください。
  카페라떼 하나 주세요.
- 私はシロップ入りの甘いカフェラテが好き。
  난 시럽을 넣은 달달한 카페라떼가 좋아.
- カフェモカの生クリームを抜いてください。
  카페모카에서 생크림을 빼서 주세요.
- カフェオレはドリップコーヒーから作ります。
  카페오레는 드립커피로부터 만듭니다.
- おかわりできますか？ / Wi-Fi使えますか？
  리필 되나요? / 와이파이 되나요?
- 喫煙席はありますか？
  흡연석 있어요?
- デカフェ(カフェインレス・コーヒー)にできますか？
  디카페인으로 만들 수 있어요?
- 注文番号をご確認ください。
  주문 번호 확인해 주세요.
- 36番のお客様、注文なさったアメリカーノの用意ができました。
  36번 손님! 주문하신 아메리카노 나왔습니다.

- 5,000ウォンになります。
  오천원 결제 도와 드리겠습니다.
- クレジットカードを(端末に)差し込んでください。
  카드를 꽂아 주세요.

독해 연습

韓国カフェは街角でよく見かけるチェーン店カフェから、本格ドリップコーヒーを出す個人経営のこだわりカフェ、インスタ映えするような凝ったインテリアのカフェなど、さまざまな特色ある店舗が多い。

チェーン系カフェでは牛乳を低カロリーの低脂肪乳に変更したり、ショットを追加して濃い目のコーヒーを楽しんだりとカスタマイズが可能で、好みのテイストで味わうこともできる。

近年、韓国でもタッチパネル式のセルフオーダーシステムの導入が進み、注文後に出てくるレシートに表示される注文番号を確認して、商品を受け取りに行けば良いカフェもどんどん登場していますが、まだまだスタッフに注文するカフェもたくさんあります。

質問 1. 本文の内容にあっているものにすべてチェックしなさい。

1. 韓国でもタッチパネル式のセルフオーダーシステムの導入が進んでいる。
2. 韓国カフェはインスタ映えするような凝ったインテリアのカフェなど、さまざまな特色ある店舗が多い。
3. 韓国カフェはチェーン店カフェばかりで、特色ある店舗がほとんど 見かけられない。

핵심 단어 & 관용적인 표현 작문

〈핵심 단어〉

① 주문 … □□□□□

② 들고 감 … □□□□□

③ 가지다 … □□

④ 드시다 … □□□□□

〈관용적인 표현 작문〉

① 어서오십시오 … □□□□□□□□

② 뭘로 하시겠습니까? … □□□□□□□□□

③ 네 알겠습니다 … □□□□□□□□

④ 어떻게 하시겠습니까? … □□□□□□□□□

기본 인사말

もうしわけございません。 죄송합니다.

どうも ありがとうございます。감사합니다.

どういたしまして。천만에요. 별 말씀을요.

おまたせいたしました。오래 기다리셨습니다. 기다리게 해서 죄송합니다.

いただきます。잘 먹겠습니다. 잘 마시겠습니다.

ごちそうさまでした。잘 먹었습니다.

Chapter

2

韓国レストランで
한정식 레스토랑에서

학습포인트

1. 식당 주문, 계산 회화
2. 몇 명, 몇 분, 몇 인분
3. 카드 지불, 현금

2 韓国レストランで
한정식 레스토랑에서

회화 Ⅰ

スタッフ ： いらしゃいませ。

田中 ： こんばんは。今、食事できますか？

スタッフ ： はい。何名様ですか？

田中 ： 三人です。

スタッフ ： こちらにお座りください。

田中 ： すみません、注文をおねがいします。

スタッフ ： はい、ご注文を伺いましょうか？

田中 ： オススメのメニューは定食ですね。
韓定食を三人前ください。

スタッフ ： はい、かしこまりました。

본문해석

스태프 : 어서오십시오.

타나카 : 안녕하세요. 지금 식사 돼요?

스태프 : 네, 몇 분이세요?

타나카 : 3명입니다.

스태프 : 이 자리에 앉으세요.

타나카 : 저기, 주문할게요.

스태프 : 네, 주문 도와드릴까요.

타나카 : 추천메뉴가 정식이지요. 한정식 3인분 부탁해요.

스태프 : 네, 알겠습니다.

단어

- こんばんは : (저녁)안녕하세요
- 食事（しょくじ）: 식사
- 何名様（なんめいさま）: 몇 분
- こちら : 여기, 이 자리
- 注文(ちゅうもん) : 주문
- 伺(うかが)う : 여쭙다, 도와드리다
- メニュー : 메뉴
- 三人前（さんにんまえ）: 3인분
- 今（いま）: 지금
- できる : 되다, 할 수 있다
- 三人（さんにん）: 세 사람
- 座(すわ)る : 앉다
- おねがいします : 부탁할게요, 부탁해요
- オススメ : 추천
- 韓定食(かんていしょく) : 한정식
- はい、かしこまりました : 네, 알겠습니다

회화 Ⅱ

田中　：もう満腹です。

よしこ　：とてもおいしかったです。ごちそうさまでした。

田中　：会計お願いします

スタッフ：はい、45,000ウォンになります。お会計はご一緒になさいますか。それとも別々になさいますか。

田中　：一緒でお願いします。

スタッフ：カードと現金とどちらになさいますか。

田中　：カード払いできますか？

スタッフ：はい、クレジットカードを差し込んでください。

田中　：はい、それからレシートをください。

スタッフ：はい、こちらレシートでございます。どうもありがとうございました。またお越しください。

田中　：はい、また来ます。

본문해석

타나카　: 배불러요.

요시코　: 정말 맛있었어요. 잘 먹었습니다.

타나카　: 계산해 주세요.

스태프 : 네, 45,000원입니다. 계산은 같이 하시겠습니까? 아니면 따로 하시겠습니까?

타나카 : 같이 해 주세요. 카드 되요?

스태프 : 네, 신용카드를 꽂아 주세요.

타나카 : 네, 그리고 영수증 주세요.

스태프 : 자, 여기 영수증입니다. 감사합니다. 또 오십시오.

타나카 : 네, 또 올게요.

단어

- 満腹(まんぷく) : 배부름, 포만
- とても : 정말, 대단히
- おいしい : 맛있다
- ~かった : (형용사 과거형)~였다
- ごちそうさまでした。 : 잘 먹었습니다
- 会計(かいけい) : 계산
- ~になります : ~입니다(정중한 말)
- 45,000(よんまんごせん)ウォン : 45,000원
- 一緒(いっしょ)に : 같이
- カード払(ばら)い : 카드(납부)
- 別々(べつべつ)に : 따로따로
- 差(さ)し込(こ)む : 꽂다
- レシート : 영수증
- お越(こ)しください : 오십시오
- 現金(げんきん) : 현금
- それとも : 아니면
- クレジットカード : 신용카드
- それから : 그리고, 그리고 나서
- また : 또
- 来(く)る : 오다

해설

1. ～と ～と どちら

~와 ~중(는) 어느 쪽

예 ① カードと 現金と どちらになさいますか。

(카드와 현금 중 어떤 걸로 하시겠습니까?)

② 東京(とうきょう)と ソウルと どちらが 住(す)みやすいですか。

(도쿄와 서울은 어느 쪽이 살기 편합니까?)

2. 何人(なんにん) 몇 명

〈사람 수 세기〉

1人	ひとり	5人	ごにん	9人	きゅうにん
2人	ふたり	6人	ろくにん	10人	じゅうにん
3人	さんにん	7人	しちにん/ななにん	14人	じゅうよにん
4人	よにん	8人	はちにん	24人	にじゅうよにん

* 11명 이상은 11人(じゅういちにん), 12人(じゅうににん)처럼 읽는다. 단 14人과 24人은 특별나게 읽힘.

3. 何名様 (なんむぃさま) 몇 분

お1人様 (ひとりさま)：한 분

お2人様 (ふたりさま), 2名様 (にめいさま)：두 분

3名様 (さんめいさま)：세 분

4名様 (よんめいさま)：네 분

4. 何人分 (なんにんぶん) 몇 인분

1人前 (いちにんまえ)：1인분　　2人前 (ににんまえ)：2인분

3人前 (さんにんまえ)：3인분　　4人前 (よにんまえ)：4인분

관련 단어

- 順番待ち：웨이팅
- 待合番号：대기번호
- ライス：공기밥
- おかず：반찬
- 空席：빈자리
- 何時：몇 시
- 行きつけ：단골
- 店員：점원, 스태프
- おかわり：리필
- お箸：젓가락
- お皿：접시
- 鉄板
- 待つ：기다리다
- 現金領収証：현금영수증
- 韓国ウォン：원화
- ビール：맥주
- ビールグラス：맥주 잔
- 焼酎グラス：소주 잔
- エプロン：앞치마
- 番号札：대기표
- メニュー表：메뉴판
- 大盛り:곱빼기
- 席：자리
- 予約：예약
- ブレイクタイム：브레이크타임
- 社長：사장(님)
- 客：손님, 고객
- 食べ放題：무한 리필
- スプーン：숟가락
- 取り皿：앞접시
- 網：불판
- 火が通る：익다
- カード：카드
- 日本円：엔화
- 焼酎：소주
- 栓抜き：병따개
- ティッシュ：휴지
- ビニール手袋：비닐장갑

- いす：의자
- トイレ：화장실
- こしょう：후추
- 甘い：달다
- 辛い：맵다
- 薄い：싱겁다
- ゴミ箱：쓰레기통
- 塩：소금
- 醤油：간장
- 塩辛い：짜다
- 苦い：쓰다
- 乾杯！：건배!

관련 주요 표현

- 客：日本円で支払えますか？ 엔화로 계산돼요?
  店員：はい、できます。네, 됩니다.
- 店員：現金領収証は必要ですか。현금영수증 필요하세요?
  客：いいえ、結構です。아니요, 괜찮아요.
- 会計がおかしいようです。계산이 잘못된 것 같아요.
- テイクアウトします。포장해 주세요.
- 生まれて初めて食べました。태어나서 처음 먹어봐요.
- もうちょっと後で注文します。좀 이따가 시킬게요.
- 日本語のメニュー表はありますか。일본어 메뉴판 있어요?
- お水をください。물 주세요.
- 頼んだものがまだ出てこないのですが。주문한 게 아직 안 나왔어요.
- これは頼んでいません。이건 안 시켰어요.
- 火は通りましたか。다 익었어요?
- もう食べても大丈夫ですか。이제 먹어도 돼요?

- おかずはおかわりできますか。반찬 리필 돼요.
- 鉄板を替えてください。불판 좀 갈아주세요.
- この店の一番人気はなんですか。뭐가 제일 잘 나가요?
- これは何人前ですか。이건 몇 인분이에요?
- これ辛いですか。이거 매워요?
- 辛さ控えめにしてください。덜 맵게 해주세요.
- 大盛りにできますか。곱빼기 가능해요?
- これもう少しください。이거 좀 더 주세요.
- もう食べられません。이제 못 먹어요.
- このクーポン使えますか。이 쿠폰 쓸 수 있어요?
- おしぼりください。물티슈 주세요.
- Wi-Fiのパスワードを教えてください。와이파이 비밀번호가 뭐예요?
- 満席です。 만석입니다.
- お箸を落としました。젓가락을 떨어뜨렸어요.
- お腹が空きました。배고파요.
- 早く食べたいです。빨리 먹고 싶어요.
- 番号札を取って、お待ちください。대기표를 뽑고 기다려 주세요.

독해 연습

韓国の焼肉店や鍋料理店などでは、服よごれ防止のためお客さん用のエプロンが準備されていることが多いです。

ひと昔前までは「パルリパルリ(早く早く)」とせっかちな韓国人は行列なんてしないよ、というのが定説でしたが、状況は変わりました。今では長い待ち時間をものともしない人たちが、行列必死の人気店に長蛇の列を作っています。

「1人メシ」が少しずつ広がっている韓国ですが、ランチやディナーのピークタイムは入店が断られることもしばしば。韓国ひとり旅で食堂に入る時は、ピークタイムは避けると入りやすいでしょう。

また、ランチメニューと夕食メニューが異なるお店も多く、ランチで食べたキムチチゲが美味しくて、夕食に再び食べに行ったら夕食では出していないと断られることもあるので、食べたいメニューが訪問の時間に食べられるかの調査を行うと安心です。

質問1. 本文の内容にあっているものにすべてチェックしなさい。

1. せっかちな韓国人だけに、人気の料理店に長蛇の列を作っているのをみるのはまれである。
2. 韓国ひとり旅で食堂に入る時は、ピークタイムは避けると入りやすい。
3. 韓国は「1人メシ」が少しずつ広がっている。

핵심 단어 & 관용적인 표현 작문

〈핵심 단어〉

① 식사 … □□□□

② 몇 분 … □□□□□□

③ 정식 … □□□□□

④ 계산 … □□□□

〈관용적인 표현 작문〉

① 몇 분이십니까? … □□□□□□□□□

② 여기에 앉으십시오. … □□□□□□□□□□□□
③ 잘 먹었습니다. … □□□□□□□□□
④ 또 오십시오. … □□□□□□□□□

기본 인사말

- はじめまして。처음 뵙겠습니다.
- 私は 吳天才と 申(もう)します。저는 오천재라고 합니다.
- どうぞ よろしく お願(ねが)いいたします。잘 부탁드립니다.
- おはようございます。안녕하세요.(아침 인사)
- こんにちは。안녕하세요.(낮 인사)
- こんばんは。안녕하세요.(저녁 인사)
- さようなら 안녕히 계세요.
- お休(やす)みなさい。안녕히 주무세요.

Chapter

3

テイクアウト
테이크아웃

학습포인트

1. 테이크아웃 주문회화
2. 동사의 연용형 + に: ~하려
3. 감사합니다 / 안녕히 계세요

3 テイクアウト 테이크아웃

회화 I

キム　：何にしますか。田中さんは、辛いのは大丈夫ですか。

田中　：はい、大好きです。

キム　：じゃ、あの辛いトッポッキはどうですか。

田中　：わあ、おいしそうですね。それにします。

キム　：トッポッキ一つとのりまきを2本、テイクアウトします。

スタッフ：はい、合わせて10,000ウォンになります。

キム　：使い捨てのスプーンとお箸をつけてください。

スタッフ：はい、ありがとうございました。

キム　：さようなら。

본문해석

김 : 뭘로 할래요? 타나카 상은 매운 거 괜찮아요?
타나카 : 네, 아주 좋아해요.
김 : 그럼 저 매운 떡볶이는 어때요?
타나카 : 와, 맛있어 보이네요. 그걸로 할게요.

김 : 떡볶이 1개와 김밥 2줄 포장해 주세요.
스태프 : 네, 합쳐서 만원입니다.
김 : 일회용 수저도 주세요.
스태프 : 네, 감사합니다.
김 : 안녕히 계세요.

단어

- 何（なに）：무엇, 뭘
- 大丈夫(だいじょう)だ：괜찮다
- じゃ：그럼(それでは의 줄임말)
- 辛(から)い：매운
- どうですか：어때요?
- おいしい：맛있는
- それ：그것
- 一(ひと)つ：1개, 하나
- 2本(ほん)：2줄
- 合(あ)わせる：합치다
- ～さん：～씨, ～상
- 大好(だいす)きだ：아주 좋아하다
- あの：저(연체사)
- トッポッキ：떡볶이
- わあ：와아(감탄사)
- そうだ：～일 것 같다, 인 듯하다
- ～にする：～로 하다
- のりまき：김밥
- テイクアウト：테이크아웃, 포장
- ウォン：원

- ~になる：~이다, ~가 되다
- スプーン：스푼
- つける：추가하다
- 使(つか)い捨(す)て：1회용
- お箸(はし)：젓가락

회화 Ⅱ

スタッフ：ご注文を、どうぞ。

田中：お粥１人前をテイクアウトでお願いします

スタッフ：はい、いすにおかけになって、しばらくお待ち下さい。

田中：時間はどのくらいかかりますか？

スタッフ：大体20分くらいです。

田中：それでは、一旦外に出て取りに来ます。

スタッフ：先に会計お願いします。

田中：はい。

田中：頼んでおいたチキンを取りに来ました。

スタッフ：はい、こちらです。ありがとうございました。

본문해석

스태프 : 주문하시겠어요?
다나카 : 죽 1인분 포장해 주세요.
스태프 : 네, 의자에 앉으셔서 잠시만 기다려 주십시오.
다나카 : 시간은 얼마나 걸립니까?
스태프 : 보통 20분 정도입니다.
다나카 : 그럼 일단 밖에 나갔다가 가지러 올게요.
스태프 : 먼저 계산해 주세요.
다나카 : 네.

다나카 : 부탁해둔 치킨 찾으러 왔습니다.
스태프 : 네, 여기 있습니다. 감사합니다.

단어

- 注文(ちゅうもん) : 주문
- お粥(かゆ) : 죽
- お願(ねが)い : 부탁
- いす : 의자
- お~になる : ~하시다
- 待(ま)つ : 기다리다
- お+(동사의 ます형)+ください : ~하세요, ~하십시오
- 時間(じかん) : 시간
- かかる : 걸리다
- どうぞ : ~하실래요? ~하시죠
- 1人前(いちにんまえ) : 1인분
- する : 하다
- かける : 앉다
- しばらく : 잠시
- どのくらい : 얼마나
- 大体(だいたい) : 대체로

- 20分(にじゅっぷん)：20분
- 一旦(いったん)：일단
- 出(で)る：나가다, 나오다
- 取(と)る：가지다, 들다
- 来(く)る：오다
- 会計(かいけい)：계산
- おく：두다
- こちら：여기
- くらい：정도
- 外(そと)：밖

- (동사의 ます형)+に：~하러
- 先(さき)に：먼저
- 頼(たの)む：부탁하다
- チキン：치킨

해설

1. ~てください~해 주세요, ~하세요

동사 て형+ください의 형태임. 반대표현은 ~ないでくださいい임.

예 ① 使(つか)い捨(すて)のスプーンとお箸(はし)をつけてください。

(일회용 수저도 주세요)

② 連絡(れんらく)してください。(연락해주세요)

③ 薬(くすり)を飲んでください。(약을 드세요)

2. (동사의 연용형) ~に: ~하러

동사의 연용형(ます형과 동일)에 「~に」를 붙이면 「~하러」의 의미가 됨

예 ① 飲(の)みに 行(い)きます。(마시러 갑니다)

② いっしょに 見(み)に行(い)きましょう。(함께 보러 갑시다)

3. (명사)に する: ~로 하다

「に する」는 주로 무언가로 결정을 내릴 때 사용하는 표현이다.

예 ① それにします。(그걸로 하겠습니다)

② カードにしてください。(카드로 해 주세요)

관련 단어

- 袋 : 봉투
- 無料 : 무료
- 玉子焼き : 계란말이
- 大根の酢漬け : 김치무
- マッコリ : 막걸리
- 100(ひゃく)円 : 백엔
- 1,000(せん)円 : 천엔
- 10,000(いちまん)円 : 만엔
- オデン : 오뎅
- レバー : 간
- ホットドッグ : 핫도그
- ホットク : 호떡
- 焼き芋 : 군고구마
- 食べ残し : 남은 음식
- 包む : 싸다
- ラーメン : 라면
- フルーツ焼酎 : 과일소주
- 10(じゅう)円 : 십엔
- 500(ごひゃく)円 : 오백엔
- 5,000(ごせん)円 : 오천엔
- 天ぷら : 튀김
- スンデ : 순대
- 焼き鳥 : 닭꼬치
- トースト : 토스트
- たい焼き : 붕어빵

<주요 디저트>

- ケーキ : 케이크
- チーズケーキ : 치즈케이크
- カップケーキ : 컵케이크
- サンドイッチ : 샌드위치

- アイスクリーム：아이스크림
- スコーン：스콘
- マフィン：머핀
- ベーグル：베이글
- ワッフル：와플
- クッキー：쿠키
- ティラミス：티라미수
- パッピンス：팥빙수

관련 주요 표현

- 職員：明日の朝まで、食べられますか。
  내일 아침까지 먹을 수 있나요?
  客：はい。帰ったら、必ず冷蔵庫に入れてくださいね。
  네, 호텔에 들어가시면 바로 냉장고에 넣어 주세요.
- 職員：混ぜますか？ 섞어 드려요?
  客：はい、混ぜてください。/いいえ、別々にください。
  네, 섞어 주세요./ 아니요, 따로따로 주세요.
- 客：この店の一番人気はなんですか。
  뭐가 제일 잘 나가요?
  職員：はい、オムライスが有名です。
  네, 오므라이스가 유명해요.
  客：じゃ、それにします。그럼, 그걸로 할게요.
- 職員：どうも ありがとうございました。감사합니다.
  客：さようなら 안녕히 계세요.
- お箸2膳(ぜん)つけてください。젓가락 2매 주세요.
- ビニール手袋ください。비닐장갑 주세요.
- ウェットティッシュをください。물티슈를 주세요.
- 注文したものと違うのですが… 주문한 거랑 다른데요.

- 包んでください。포장해 주세요.
- テイクアウトです。테이크아웃이에요.
- 持ち帰ります。가지고 갈 거예요.
- ここで待っています。여기서 기다릴게요.
- あとどれくらい待てばいいですか。얼마나 더 기다려야 될까요?
- 持ち運ぶ時間はどのくらいですか。이동시간은 얼마나 되나요?

독해 연습

宿泊先でのんびり食べたい時や、韓国ひとり旅の時、量が多くて残してしまった時など、おもちかえり(テイクアウト)は便利です。

テイクアウトが当たり前の韓国では、以前から色々なメニューを持ち帰ることができましたが、2020年からの新型コロナウイルス感染拡大の防止のため、テイクアウト利用客が更に増えました。

かつてホテルでは、外部飲食の出前は原則禁止でした。しかし、近頃のチキン人気に伴い出前可能、さらにフロントで出前代行をしてくれるホテルも増えてきています。

ただし、未だデリバリー不可のホテルも多いので、デリバリーができるのかできないのか事前に確認しましょう。またホテルでの出前の場合、フロントやホテルの外でチキンを受け取ることになります。

質問 1. 本文にあっているものをすべて選びなさい。

1. 2020年からの新型コロナウイルス感染拡大の防止のため、テイクアウト利用客が更に増えた。
2. 近年フロントで出前代行をしてくれるホテルも増えてきている。

3. テイクアウトが当たり前の日本では、以前から色々なメニューを持ち帰ることができた。
4. 未だデリバリー不可のホテルも多い。
5. ホテルでは、外部飲食の出前は原則禁止である。

핵심 단어 & 관용적인 표현 작문

〈핵심 단어〉

① 테이크아웃 … □□□□□□
② 1회용 젓가락 … □□□□□□□□□
③ 기다리다 … □□
④ 추가하다 … □□□

〈관용적인 표현 작문〉

① 어때요? … □□□□□
② 그걸로 하겠습니다 … □□□□□□
③ 안녕히 계세요 … □□□□□
④ 잠시 기다려 주세요… □□□□□□□□□□□

기본 인사말

- いって きます。다녀 오겠습니다.
- いって (い)らっしゃい。다녀 오세요.

- ただいま。다녀왔습니다.
- おかえりなさい。다녀오셨어요.
- おめでとうございます。축하합니다.
- おつかれさまでした。수고하셨습니다.
- また おこしください。또 오십시오.

Chapter

4

マート
백화점 마트

학습포인트

1. 마트 쇼핑회화
2. 지시대명사
3. ~해도 돼요?

4 マート 백화점 마트

회화 I

田中　：すみません。ワインコーナーを探しているのですが、案内してもらえませんか？

スタッフ：ご案内します。こちらへ どうぞ。

―――――――――――――――――――――――――

田中　：これ、試飲してもいいですか？

スタッフ：はい、どうぞ。

田中　：香りもいいし、いいですね。このワインはいくらですか？

スタッフ：そのワインはフランス産で、30,000ウォンです。

田中　：あ、そうですか。じゃ、それを一本ください。

본문해석

타나카 : 저기, 와인코너를 찾고 있는데, 안내해 주실 수 있나요?
스태프 : 안내해 드릴게요. 이쪽으로 오십시오.

타나카 : 이거, 시음해도 돼요?
스태프 : 네, 자, 여기.
타나카 : 향기도 좋고, 좋네요. 이 와인은 얼마예요?
스태프 : 그 와인은 프랑스산으로 3만원입니다.
타나카 : 아, 그래요. 그럼 그거 1병 주세요.

단어

- すみません : 미안(실례)합니다, 저기(요)
- ワインコーナー : 와인코너
- 探(さが)す : 찾다
- 案内(あんない)する : 안내하다
- ~てもらえますか : ~해줄 수 있나요?
- こちら : 이쪽
- これ : 이것
- 試飲(しいん)する : 시음하다
- いい : 좋다, 되다
- ~てもいいですか : ~해도 돼요?
- 香(かお)り : 향기
- ~し : ~하고(반복, 나열의 조사)
- いくら : 얼마
- フランス産(さん) : 프랑스산
- 30,000(さんまん)ウォン : 3만원
- それ : 그것
- 本(いっぽん) : 1병

회화 Ⅱ

スタッフ ： (袋等に)お入れしましょうか？

田中 ： いいえ、そのままください。 あとでサービスカウンターでラッピングしますから。

－－－－－－－－－－－－－－－－－－－－－－－－

田中 ： すみません。ラッピングしてもらえますか。

スタッフ ： はい。

田中 ： あ、値札を外してからお願いします。

スタッフ ： はい、かしこまりました。

본문해석

스태프 : 담아 드릴까요?

타나카 : 아뇨, 그냥 주세요. 나중에 서비스센터에서 선물포장할 테니까요.

타나카 : 저기, 선물포장해 주시겠어요?

스태프 : 네.

타나카 : 아, 가격표를 떼고 부탁드려요.

스태프 : 네 알겠습니다.

단어

- 袋等(ふくろなど) : 보자기 등
- そのまま : 그냥
- あとで : 나중에
- ラッピングする : 선물포장하다
- 外(はず)す : 떼다
- お願(ねが)いする : 부탁하다
- 入(い)れる : 담다, 넣다
- ください : 주세요
- サービスカウンター : 서비스센터
- 値札(ねふだ) : 가격표
- ~てから : ~하고 나서
- かしこまりました : 알겠습니다

해설

1. 지시대명사(사물)

「これ」「それ」「あれ」「どれ」는 지시대명사로, 각각 「이것」「그것」「저것」「어느 것」을 가리키는 말이다.

예 ① それは 何(なん)ですか。(그것은 무엇입니까?)

② あれ ください。(저거 주세요.)

③ わたしのは どれですか。(제건 어느 것입니까?)

2.こ・そ・あ・ど

지시사(사물・장소・방향)을 나타내는 지시대명사와 뒤에 명사가 따르는 지시형용사)를 도표로 나타내 보면 다음과 같음

	근칭	중칭	원칭	부정칭
연체	この(이~)	その(그~)	あの(저~)	どの(어느~)
사물	これ(이것)	それ(그것)	あれ(저것)	どれ(어느 것)
장소	ここ(여기)	そこ(거기)	あそこ(저기)	どこ(어디)
방향	こちら(이쪽) こっち	そちら(그쪽) そっち	あちら(저쪽) あっち	どちら(어느 쪽) どっち
형용	こんな(이런)	そんな(그런)	あんな(저런)	どんな(어떤)

관련 단어

- 紙袋（かみぶくろ）: 종이봉투
- 臭（くさ）い : 냄새
- 冷蔵保存（れいぞうほぞん）: 냉장보관
- 漏（も）れる : 새다
- 指定（してい）ゴミ袋 : 종량제봉투
- 真空（しんくう）: 진공
- 試食（ししょく）する : 시식하다
- 包（つつ）む : 포장하다

〈주요 식품명〉

- 海苔(のり) : 김
- 塩辛(しおから) : 젓갈
- お菓子(かし) : 과자
- 干し鱈(たら)のスープ : 북엇국
- 唐辛子味噌(とうがらしみそ) : 고추장
- カート : 카트
- 使（つか）う : 쓰다
- 預（あず）ける : 맡기다
- 岡持（おかも）ち : 철가방
- キムチ : 김치
- 柚子茶(ゆずちゃ) : 유자차
- インスタント食品(しょくひん) : 인스턴트식품
- 調味料(ちょうみりょう) : 조미료
- 惣菜(そうざい) : 반찬, 나물
- 買（か）い物（もの）カゴ : 바구니
- 荷物（にもつ）: 짐
- 送（おく）る : 보내다, 부치다, 배송하다
- クーポン : 쿠폰

- 器(うつわ)：그릇
- 以降に：~이후에
- 取りに来る：받으러 오다
- ピザ屋：피자집
- チキン屋 : 치킨집
- 海苔巻き屋：김밥집
- 出前：배달
- 出前を頼む：시켜 먹다
- 営業時間(えいぎょうじかん)：영업시간
- クレジットカード：신용카드
- ポイントカード：적립카드, 포인트카드
- 現金領収証(げんきんりょうしゅうしょう)：현금영수증
- 免税(めんぜい)：면세
- タックスフリー：택스프리
- タックスリファンド：택스리펀드
- リファンドチェック：리펀드체크
- 即時還付制度(そくじかんぷせいど)：즉시환급제

관련 주요 표현

- 今、出前できますか。지금 배달 되나요?
- 何分くらいかかりますか。몇분 정도 걸리나요?
- 指定ゴミ袋にしてください。종량제봉투로 주세요.
- 袋に入れてください。담아 주세요.
- 早く持ってきてもらえますか。빨리 갖다 주시겠어요?
- まだ来ないのですが。아직 안 왔는데요.
- いつ出発しましたか。언제 나갔나요?
- クーポンは使えますか。쿠폰은 사용할 수 있어요?
- 金額が合いません。금액이 안 맞아요.
- 分割払いになさいますか。할부로 해 드릴까요?
- いいえ。一括払いでお願いします。아니요, 일시불로 해 주세요.

- ポイントカードを作ってください。포인트카드를 만들어 주세요.
- 現金領収証は要りません。현금영수증은 필요 없어요.
- レシートをください。영수증 주세요.
- これ、試食してもいいですか？ 먹어봐도 돼요?
- 臭いが漏れないように包んでください。냄새 새지 않게 포장해 주세요.
- 真空パック加工してください。 진공 포장해 주세요.
- 冷蔵庫で保存すればいいですか？ 냉장보관 하면 돼요?
- どれくらい日持ちしますか？ 며칠 정도 가요?
- 他のお店も見てからまた来ます。 돌아보고 올게요.
- カートを使いたいのですが、助けてもらえませんか？
  카트를 쓰고 싶은데 도와 주시겠어요?
- 荷物を預けるところはありますか？ 짐 맡기는 곳은 있어요?
- 別の場所で買ったものを持ち込んでもいいですか？
  다른 곳에서 산 물건을 갖고 들어가도 돼요?
- EMSで送れますか？ EMS로 부칠 수 있나요?
- タックスリファンド(事後免税制度)を受けたいのですが。
  택스리펀드를 받고 싶은데요.
- リファンドチェックを発行してください。리펀드체크를 발행해 주세요.
- 即時還付制度を利用できますか？ 즉시환급제를 이용할 수 있어요?

독해 연습

楽しい韓国土産ショッピングですが、中には日本には持ち帰れない商品があります。マート等で購入できる商品では主に、肉製品(加工品、レトルト商品)などが該当します。せっかく買ったお土産なのに、日本に持ち込めなかった、ということがないよう、事前にチェックして安心してショッピングを楽しみましょう！

大型マートのカートは、コイン式になっています。カート同士がチェーンでつながれており、コイン挿入口に、100ウォン硬貨を挿し込むとチェーンの鍵がはずれる仕組みです。硬貨はカートを返却する際に戻ってきます。

多くの国で配達システムが整備され、配達文化は根付いていますが、韓国の配達の「種類の多さ、スピード、気軽さ、安さ」は外国人から見ると驚くことの連続。お隣・韓国は日本以上に出前文化が発達している「出前大国」！

質問 1. 本文にあっているものを選びなさい。

1．大型マートのカートは、コイン式で、硬貨はカートを返却する際に戻ってくる。

2．お隣・韓国は日本以上に出前文化が発達している「出前大国」である。

3．韓国土産の中、お菓子、焼酎などの商品は日本には持ち帰れない。

핵심 단어 & 관용적인 표현 작문

〈핵심 단어〉

① 와인 … □□□

② 시음 … □□□

③ 향기 … □□□

④ 서비스센터 … □□□□□□□□□

〈관용적인 표현 작문〉

① 얼마예요? … □□□□□□

② 안내하겠습니다. … □□□□□□□□

③ 이쪽으로 오십시오. … □□□□□□□

④ 알겠습니다. … □□□□□□□□

기본 인사말

- しつれいいたします（しつれいします）。실례하겠습니다.
- ごめんなさい（すみません）。죄송합니다.
- いいえ、だいじょうぶです。아니요, 괜찮습니다.
- しつれいですが、どなたさまでしょうか。
  실례지만, 어디세요?(누구십니까?)
- おせわに なりました。신세 졌습니다.
- いらっしゃいませ。어서 오십시오.
- おひさしぶりです。오래간만입니다.

Chapter

5

ショッピング
쇼핑

학습포인트

1. 쇼핑 관련 회화
2. ~하고 싶다
3. ~갖고 싶다

5 ショッピング 쇼핑

회화 I

〈明洞で〉

キム　：明洞はひさしぶりでしょう。まずお土産を買ってから、あたたかいコーヒーを飲みに行きましょう。

田中　：いいですね。

キム　：ところで田中さん、買いたいものは何ですか。

田中　：お土産として韓国のお菓子や海苔などの食料品も買いたいし、化粧品もほしいです。

キム　：あ、あそこに大型免税店がありますね。あそこに行ってみましょうか。

본문해석

〈명동에서〉

김 : 명동은 오래간만이지요? 먼저 선물을 사고 나서 따뜻한 커피를 마시러 가죠.

타나카 : 좋아요.

김 : 그런데 타나카씨, 사고 싶은 게 뭡니까?

타나카 : 선물로서 한국의 과자나 김 따위의 식료품도 사고 싶고, 화장품도 사고 싶어요.

김 : 아, 저기 대형면세점이 있네요. 저기 가 볼까요?

단어

- 明洞(ミョンドン) : 명동
- まず : 먼저
- 買(か)う : 사다
- コーヒー : 커피
- 行(い)く : 가다
- ところで : 그런데
- もの : 것
- お菓子(かし) : 과자
- 食料品(しょくりょうひん) : 식료품
- ほしい : 갖고 싶다
- 大型(おおがた) : 대형
- ~て+みる : ~해 보다(보조동사)
- ひさしぶりだ : 오래간만이다
- お土産(みやげ) : 선물
- あたたかい : 따뜻한
- 飲(の)む : 마시다
- いいですね : 좋아요
- ~たい : ~하고 싶다(조동사)
- 韓国(かんこく) : 한국
- 海苔(のり) : 넣다, 담다
- 化粧品(けしょうひん) : 화장품
- あそこ : 저기
- 免税店(めんぜいてん) : 면세점

회화 Ⅱ

〈免税店で〉

田中　：それを見せてください。

店員　：はい。

田中　：このお菓子は1ついくらですか。

店員　：はい、6,000ウォンです。

田中　：じゃ、これを3つください。

店員　：はい、ありがとうございます。こちら、2,000ウォンのおつりです。

본문해석

〈면세점에서〉

타나카 : 그거 보여 주세요.

점원 : 네.

타나카 : 과자는 1개 얼마에요?

점원 : 6천원입니다.

타나카 : 그럼 이거 3개 주세요.

점원 : 자, 여기, 2천원 거스름돈입니다.

단어

- それ：그것
- ~てください：~해 주세요
- いくら：얼마
- じゃ：그럼
- 3(みっ)つ：3개
- おつり：거스름돈
- 見(み)せる：보여주다
- 1(ひと)つ：1개
- 6,000(ろくせん)ウォン：6천원
- これ：이것
- 2,000(にせん)ウォン：2천원

해설

1. ~ましょう ~합시다

ます → ましょう의 형태임.

예 ① コーヒーを飲(の)みにいきましょう。(커피 마시러 가요.)

② 一緒(いっしょ)に映画(えいが)を見(み)にいきましょう。(같이 영화 보러 가요.)

③ いっしょに昼(ひる)ごはんを食(た)べましょう。(같이 점심을 먹읍시다.)

2. ~たい ~하고 싶다

동사ます형에 접속한다. 반대표현은「~たくない」이다.

예 ① わたしはすしを食(た)べたいです。(나는 스시를 먹고 싶어요.)

② 靴(くつ)を買(か)いたいです。(신발을 사고 싶어요.)

③ 何(なに)も食べたくないです。(아무것도 먹고 싶지 않아요.)

3. ~が ほしい ~갖고 싶다

형용사「ほしい」는「~が ほしい」,「~て ほしい」형태로 주로 사용되고, 의미는 1. ~갖고 싶다(탐나다), ~하고 싶다(원하다)와, 2. ~해 주기 바란다, ~해 주었으면 한다 등으로 주로 해석된다.

예 ① おさけがほしい。(술을 마시고 싶다.)

② くるまがほしい。(차를 갖고 싶다.)

③ あなたは何(なに)がほしいのですか。(당신은 무엇이 소원인가요?)

④ はっきり言(い)ってほしい。(분명히 말해 주기 바란다.)

관련 단어

- デパート：백화점
- 伝統市場(でんとうしじょう)：재래시장, 전통시장
- 南大門市場(ナンデムンいちば)：남대문시장
- 割引(わりびき)：할인
- 単価(たんか)：단가
- 数量(すうりょう)：수량
- 付加税(ふかぜい)：부가세
- 後(あと)：뒤, 그리고, 또
- 払戻(はらいもど)し：환불
- 交渉(こうしょう)：교섭
- アフターサービス：A/S
- ブランド品(ひん)：명품
- 配送料(はいそうりょう)：배송료
- 商品券(しょうひんけん) ：상품권
- 商品(しょうひん)：상품
- 金額(きんがく)：금액
- 消費税(しょうひぜい)：소비세
- 合計額(ごうけいがく)：합계금액
- 後で：나중에, 이따가
- 返品(へんぴん)：반품
- 交換(こうかん)：교환
- 免税品(めんぜいてん) ：면세품
- バーゲンセール ：바겐세일
- 商店街(しょうてんがい) ：상점가
- 先払(さきば)い ：선불

- 後払い : 후불
- デビットカード : 직불카드
- バーコード : 바코드
- 無人店舗(むじんてんぽ) : 무인점포
- プレゼント用 : 선물용
- 一つ買うと一つ無料 : 원 플러스 원

관련 주요 표현

- 見ているだけです。그냥 볼게요.
- 他のところも見てからまた来ます。돌아보고 올게요.
- また後で来ます。좀 이따 다시 올게요.
- 現金だといくらですか。현금으로 하면 얼마에요?
- 少し考えさせてください。생각 좀 해볼게요.
- やっぱりやめておきます。역시 안 할래요.
- 払戻ししたいのですが。환불하고 싶은데요.
- 交換したいのですが。교환하고 싶은데요.
- 新しいものはありますか。새 제품 있나요?
- 高いです。비싸요.
- 安くして下さい。싸게 해 주세요.
- まけてください。깎아 주세요.
- 結構です。괜찮아요.
- 要りません。필요 없어요.
- 分割払いでお願いします。할부로 해 주세요.
- 一括払いでお願いします。일시불로 해 주세요.

독해 연습

旅行の目的の一つといえば、人気の観光スポットを訪問したり、お気に入りの俳優やアーティストが訪れたロケ地巡りなど。

そんな時ちょっとした外国語のフレーズを覚えておくと、店員との距離が縮まって意外とスムーズにいくものです。！

質問 1. 本文にあっているものを選びなさい。

1. 人気の観光スポットを訪問するのも旅行の目的の一つといえる。
2. ちょっとした外国語のフレーズが意外と役に立つ場合がある。
3. ちょっとした外国語のフレーズだけでは、旅行する時あまり役に立たない。

핵심 단어 & 관용적인 표현 작문

〈핵심 단어〉

① 선물 … □□□□

② 면세점 … □□□□□□

③ 거스름돈 … □□□

④ 보여주다 … □□□

〈관용적인 표현 작문〉

① 오래간만이지요? … □□□□□□□□□

② 보여 주세요. … □□□□□□□

③ 3개 주세요. … □□□□□□□

④ 고맙습니다. … □□□□□□□□□□

기본 인사말

- これは いかがでしょうか。(これは どうですか。) 이건 어떻습니까?
- うーん、どっちに しようかな。으음, 어떤 걸 하지?
- こちらがいちばん人気(にんき)がございます。이게 가장 인기가 있습니다.
- これは いくらですか。이건 얼마예요?
- それに します。그걸로 하겠습니다.
- おにあいですよ。잘 어울리세요.

Chapter

6

料理
요리

학습포인트

1. 요리 관련 회화
2. ~을 좋아한다. ~을 잘한다
3. ~로 괜찮으시겠습니까?

6 料理 요리

회화 I

スタッフ ： いらしゃいませ。何名様でしょうか。

キム ： 2人です。

スタッフ ： こちらへどうぞ。ただ今、メニューをお持ちいたします。

キム ： 田中さん、石焼きビビンバはいかがですか。それほど辛くないですよ。

田中 ： いいですね。あの、すみません。石焼きビビンバを二つお願いします。

スタッフ ： 以上でよろしいですか。

田中 ： あっ、それと、ビール1本ください。

スタッフ ： かしこまりました。

본문해석

스태프 : 어서오세요. 몇 분이세요?
타나카 : 2명입니다.
스태프 : 이쪽으로 오십시오. 곧 메뉴를 가져오겠습니다.

김 : 타나카 상, 돌솥비빔밥은 어때요? 그다지 맵지 않아요.
타나카 : 좋죠. 저기요, 돌솥비빔밥 두 개 부탁합니다.
스태프 : 이상으로 괜찮으시겠습니까?
타나카 : 아, 그리고, 맥주 한 병 주세요.
스태프 : 알겠습니다.

단어

- いらしゃいませ : 어서 오십시오
- 何名様(なんめいさま) : 몇 분
- 2人(ふたり) : 2명
- こちら : 이쪽
- ただ今(いま) : 곧, 지금
- メニュー : 메뉴
- 持(も)つ : 가지다, 들다
- 石焼(いしや)きビビンバ : 돌솥비빔밥
- 二(ふた)つ : 두 개
- お願(ねが)い : 부탁
- 以上(いじょう)で : 이상으로
- よろしい : 괜찮다
- それと : 그리고
- ビール : 매주
- 1本(いっぽん) : 1병
- かしこまりました : 알겠습니다

회화 Ⅱ

キム　：田中さんは普段料理をしますか。

田中　：はい、ぼくは料理が好きで、よく料理をします。

キム　：ユリさんは料理が上手ですか。

ユリ　：いいえ、わたしは料理はあまり得意じゃありません。

본문해석

김　: 타나카 상은 평소 요리를 합니까?

타나카 : 네, 저는 요리를 좋아해 자주 요리를 합니다.

김　: 유리 상은 요리를 잘 합니까?

유리　: 아니오, 저는 요리는 그다지 자신이 없습니다.

단어

- 普段(ふだん) : 평소
- 好(す)きだ : 좋아하다
- 上手(じょうず)だ : 잘한다
- 得意(とくい)だ : 자신만만하다
- 料理(りょうり) : 요리
- よく : 자주, 잘
- あまり : 그다지, 별로

해설

1. わたし(ぼく)は ~が すき 나는 ~가 좋아

예 ① わたしは 日本語が 好き。(나는 일본어가 좋아!)

ぼくは 音楽が きらい。(나는 음악이 싫어!)

② わたしは 歌を うたうのが 上手 (나는 노래 부르기를 잘해!)

ぼくは 歌を うたうのが 下手 (나는 노래 부르기를 잘 못 해!)

2. [반대 개념의 주요 な형용사]

- 便利だ 편리하다　　不便だ 불편하다
- 好きだ 좋아하다　　嫌いだ 싫어하다
- 得意だ 자신 있다　　苦手だ 자신없다
- 上手だ 능숙하다　　下手だ 서투르다
- 派手だ 화려하다　　地味だ 수수하다, 검소하다
- 真面目だ 성실하다　　不真面目だ 불성실하다
- 幸せだ 행복하다　　不幸だ 불행하다
- 簡単だ 간단하다　　複雑だ 서투르다
- 親切だ 친절하다　　不親切だ 불친절하다

관련 단어

切(き)る	썰다	carve, cut
炒(いた)める	볶다	saut , stir-fried
焼(き)く	굽다	grill, fry
オーブンで焼く	오븐으로 굽다	bake
揚(あ)げる	튀기다	deep-fry
煮(に)る	졸이다	boil
煮込(にこ)む	푹 끓이다	stew, simmer
煎(い)る	볶다, 지지다	roast
和(あ)える	무치다	season
混(ま)ぜる	섞다	mix
かき混ぜる	뒤섞다	stir
混ぜ合(あ)わせる	버무리다	mix
蒸(む)す	찌다	steam
燻(いぶ)す	그을리다	smoke
ゆがく	데치다	blanch
茹(ゆ)でる	데치다, 삶다	boil
つぶす	으깨다	mash
すりおろす	갈다	mill
みじん切(ぎ)りにする	다지다	mince, finely chop
加(くわ)える	넣다	put
漬(つ)ける	담그다	pickle
溶(と)かす	녹이다	melt
ふるう	채치다	shred
かける	뿌리다	dredge
干(ほ)す	빼다, 말리다	dry
温(あたた)める	데우다	heat, warm up
練(ね)る,捏(こ)ねる	반죽하다	knead
解凍(かいとう)する	해동하다	unfreeze
調理(ちょうり)する	조리하다	cook
洗(あら)う	씻다	wash
水を注(そそ)ぐ	물을 붓다	pour
水を流(なが)し出(だ)す	흘려보내다	drain
皮(かわ)をむく	껍질을 벗기다	peel
味噌(みそ)を溶(と)く	된장을 풀다	dissolve soybean paste
油(あぶら)をひく	기름을 두르다	to put some oil

〈주요 요리용어〉

- 炒(いた)め物：볶음
- 揚(あ)げ物(もの)：튀김
- 煮物(にもの)：조림
- 和(あ)え物：무침
- 卵蒸(たまごむ)し：계란찜
- 下(した)ごしらえ：(재료)손질
- コーヒー豆(まめ)をひく：커피콩을 갈다
- お湯(ゆ)をわかす：물을 끓이다
- コーヒーをいれる：커피를 타다
- 紅茶(こうちゃ)をいれる：홍차를 우려내다
- 果物(くだもの)をむく：과일을 깎다
- 洗(あら)う：씻다
- 皮(かわ)をむく：껍질을 벗기다
- 水(みず)にさらす：물에 담가 두다
- 水気(みずけ)を切(き)る：물기를 빼다
- 水気を絞(しぼ)る：물기를 짜다
- だしをとる：국물을 내다
- もやしの下処理(したしょり)をする：콩나물을 다듬다
- 芯を取(と)る：심을 제거하다
- スジを取る：줄기를 제거하다
- あくを抜(ぬ)く：떫은 맛을 빼다
- あくを取る：거품을 제거하다
- 塩(しお)をふる：소금을 치다
- 下味(したあじ)をつける：밑간을 하다
- 温(あたた)める：데우다
- 冷(さ)ます：식히다
- 米(こめ)をとぐ：쌀을 씻다
- むらす：뜸을 들이다
- ご飯(はん)をよそう：밥을 푸다
- ご飯を炊(た)く：밥을 짓다

관련 주요 표현

- 温めてください。데워 주세요.
- ちょっと味見してみて。 간이 맞는지 좀 봐봐.
- 塩加減は合ってますか？ 간이 맞아요?
- このソースは甘いですか？ 이 소스는 달아요?
- このソースは辛いですか？ 이 소스는 매워요?
- この料理には何が入っていますか？ 이 요리에는 뭐가 들어있나요?
- たくあん抜きでお願いします。단무지 없이 부탁드려요.

- 下ごしらえをします。(재료) 손질을 합니다.
- この食材は、他にどういった料理に使われますか？
  이 식재료는 그 밖에 어떤 요리에 사용할 수 있나요?
- これはどれくらい炒めたらいいですか？ 이건 얼마나 볶으면 돼요?

甘(あま)い	달다	sweet
苦(にが)い	쓰다	bitter
酸(す)っぱい	시다	sour
しょっぱい	짜다	salty
甘酸(あまず)っぱい	새콤한	sweet and sour
甘辛(あまから)い	매콤달콤한	sweet and spicy
ピリッとする	얼큰한	tangy
香(こう)ばしい	향긋한	spicy
濃(こ)い	진한	strong
薄(うす)い	얇은	light
かたい	딱딱한	hard
柔(やわ)らかい	부드러운	soft
マイルドな	순한	mild
水(みず)っぽい	싱거운	watery
まろやか	순한, 부드러운	mild
なめらか	부드러운	smooth
ふわふわ	말랑말랑한	fluffy
こってりした	걸쭉한, 진한	rich
サクサク	아삭아삭	crispy
カリカリと	바삭하게	crunchy
腰(こし)のある	찰기가 있는	chewy
とろみがある	걸쭉한	thick
弾力(だんりょく)のある	탄력 있는	chewy
クセになる	중독성의	addictive

독해 연습

■ 調味料の5S

最近は女性の社会進出も盛んになり、妻＝料理という構図を崩れてきている。よって、男性も料理出来た方が、重宝されるのだ。もちろん女性だってそう。料理できない女よりは出来る女の方がモテる。

普段から料理をしている人から考えると当然のことかもしれないが、何か料理する際は、この5Sと言われる調味料を加えて、美味しさを出すことが多い。何も入れずには、良い味は出ないだろう。しかし、今やそれも分からない人が増えてきている。飯は外食とかコンビニの弁当とか、パン食、既に調理された惣菜とか、そういう食事が主流になってきており、料理が出来ない人も多い。しかし、健康などのためにも、料理は出来た方が良いのである。

「5S：砂糖、塩、酢、しょうゆ、みそ」

これを「さしすせそ」頭文字で考えると覚えやすい。何故か「せ」がしょうゆだが.....あと「そ」はみそ、後ろの文字で合わせている。この順は、調理中に入れる順番にも近い。砂糖や塩は、味が出るまでに時間が掛かるから、早めに入れたいものである。逆に醤油や味噌は加熱終盤に入れることが多い。

質問 1. 本文にあっているものを選びなさい。

1. 砂糖や塩は、味が出るまでに時間が掛かるから、早めに入れたいものである。
2. 調味料の5Sは、ふつう砂糖、塩、酢、清潔、掃除をいう。
3. 醤油や味噌は加熱終盤に入れることが多い。

핵심 단어 & 관용적인 표현 작문

〈핵심 단어〉

① 좋아하다 … □□□

② 잘한다 … □□□□□

③ 요리 … □□□□

〈관용적인 표현 작문〉

① 돌솥비빔밥은 어떠십니까? … □□□□□□□□□□□□□□□

② 이상으로 괜찮으시겠습니까? … □□□□□□□□□□□□

③ 곧 가져다 드리겠습니다. … □□□□□□□□□□□□

④ 유리 상은 요리를 잘 합니까? … □□□□□□□□□□□□□□□□□

기본 인사말

- さよなら。안녕히 가세요. (계세요)
- お大事(だいじ)に。몸조리 잘 하세요. (병문안 때)
- お気(き)を つけて。조심해서 가세요. (헤어질 때)
- 頑張(がんば)って ください。분발해주세요 /힘내세요 /열심히 하세요.
- ご遠慮(えんりょ)なく どうぞ。사양 말고 ~ 하세요.
- よろしく おつたえ ください。안부 전해 주세요.

Chapter

7

台所用品
주방용품

학습포인트

1. 만들어 먹다/외식하다 표현연습
2. 주방용품 단어와 표현연습
3. 동사의 가능형, 명령형 익히기

7 台所用品 주방용품

회화 I

ひかり ： 昼ごはん何食べる？外食する？

おさむ ： 今日は日曜日だし、私たちで何か作らない？

ひかり ： あ、そういえば、カレー作ってみたかったんだよね。

おさむ ： じゃあ、そうしよう。

ひかり ： まずお肉を切ろうよ。

おさむ ： まな板が必要ね。そこのまな板とってくれる。

ひかり ： うん。

おさむ ： 次は玉ねぎをみじん切りにして、全部フライパンで炒めるんだよ。炒めすぎちゃだめよ。

본문해석

히카리 : 점심 뭐 먹을래? 외식할까?

오사무 : 오늘은 일요일이기도 하고, 우리가 뭐 만들어 먹지 않을래?

히카리 : 아, 그러고 보니, 카레 만들어 보고 싶어 했었지?

오사무 : 그럼 그럴까?

히카리 : 먼저 고기를 썰어야지.

오사무 : 도마가 필요해, 거기 도마 집어 줄래?

히카리 : 응

오사무 : 다음은 양파를 얇게 썰고, 전부 프라이팬으로 볶는 거야.

단어

- 昼(ひる)ごはん：점심
- 外食（がいしょく）する：외식하다
- 日曜日(にちようび)：일요일
- 作(つく)る：만들다
- カレー：카레
- まず：먼저
- 切(き)る：자르다
- 必要(ひつよう)だ：필요하다
- ～てくれる：～해주다
- 玉(たま)ねぎ：양파
- 全部(ぜんぶ)：전부
- 炒(いた)める：볶다
- 食(た)べる：먹다
- 今日(きょう)：오늘
- 何(なに)か：무언가, 뭔가
- そういえば：그러고 보니
- ～てみる：～해보다
- お肉(にく)：고기
- まな板(いた)：도마
- とる：집다, 들다
- 次(つぎ)：다음
- みじん切(ぎ)りにする：얇게 썰다, 다지다
- フライパン：프라이팬
- ～すぎる：너무～하다

회화 Ⅱ

ひかり　：お水はどのぐらい必要なの？

おさむ　：マグカップで三杯ぐらいかな。

ひかり　：お皿は何枚必要なのかしら？

おさむ　：四枚だよ。

ひかり　：キムチはどこ？

おさむ　：冷蔵庫にあるよ。

ひかり　：このキムチ、どのぐらい冷凍庫に入ってたの？

おさむ　：三日ぐらいかな。まだ食べられると思う。それから
ご飯はレンジであたためてね。

본문해석

히카리 : 물은 얼마나 필요해?

오사무 : 머그컵으로 3잔 정도면 되지 않을까?

히카리 : 접시는 몇 장 정도 필요해?

오사무 : 4장이야.

히카리 : 김치는 어딨어?

오사무 : 냉장고에 있어.

히카리 : 이 김치냉장고에 얼마나 들어있었어?

오사무 : 3일 정도일까. 아직 먹을 수 있을 거야. 그리고 밥은 전자레인
지로 데워줘.

단어

- お水(みず)：물
- マグカップ：머그컵
- ～かな：～일까, ～면 되지 않을까
- 何枚(なんまい)：몇 장
- キムチ：김치
- ある：있다
- 三日(みっか)：3일
- 食(た)べられる：먹을 수 있다
- それから：그리고, 그리고나서
- レンジ：(전자)레인지
- どのぐらい：얼마나
- 三杯(さんばい)：3잔
- お皿(さら)：접시
- 四枚(よんまい)：4장
- 冷蔵庫(れいぞうこ)：냉장고
- 入(はい)って(い)る：들어있다
- まだ：아직
- ～と思(おも)う：～일 거야, ～라고 생각하다
- ご飯(はん)：밥
- あたためる：데우다

해설

1. ～かな/～かしら

둘 다 의문을 나타낼 때 쓰는 표현으로, 「かな」는 남성, 여성이 다 쓸 수 있으나 「かしら」는 주로 여성만 사용하는 표현으로, 전반적으로 우아한 느낌을 갖게 해 줌. 의문어와 같이 사용되는 경우 「かな / かしら」 앞에 「の」가 들어가는 경우가 많으나 의미에는 큰 차이가 없음.

예 ① マグカップで三杯ぐらいかな。(머그컵으로 3잔 정도면 되지 않을까?)

② 今日も雪が降る(の)かな。(오늘도 눈이 내릴까?)

③ あれでいい(の)かしら(저래도 괜찮을지 몰라)

④ 今夜かしら、明日かしら、心がさわぐの。

(오늘밤일까, 내일일까, 마음이 두근거려)

2. ~すぎる : 너무~하다, 지나치게~하다

동사의 ます형, 형용사 어간, 명사에 접속

〈동사〉

- 飲(の)みすぎる 과음하다
- 食(た)べすぎる 과식하다
- 言(い)いすぎる 심하게 말하다
- 寝(ね)すぎる 너무 오래 자다
- 考(かんが)えすぎる 너무 생각하다

〈い형용사〉

- 広(ひろ)すぎる 너무 넓다
- 高(たか)すぎる 너무 높다, 너무 비싸다
- 難(むずか)しすぎる 너무 어렵다
- 甘(あま)すぎる 너무 달다
- こわすぎる 너무 무섭다

〈な형용사/명사〉

- 下手(へた)すぎる 너무 못하다
- まじめすぎる 너무 성실하다, 너무 착하다
- 素敵(すてき)すぎる 너무 멋지다
- いい加減(かげん)すぎる 너무 참견이다
- 飲み過ぎ(과음)
- 食べ過ぎ(과식)
- 寝過ぎ(과다수면)
- 勉強(べんきょう)しすぎ(과다공부)

3. 위치표현

- 上(うえ) 위
- 下(した) 아래
- 中(なか) 안
- 外(そと) 바깥

- 前(まえ) 앞
- 左(ひだり) 왼쪽
- となり 옆
- 東(ひがし) 동쪽
- 南(みなみ) 남쪽
- 隣(となり)の人 옆 사람
- 後(うし)ろの人 뒷 사람
- 机(つくえ)の左(ひだり) 책상 왼쪽
- いすの下(した) 의자 밑
- 後(うし)ろ 뒤
- 右(みぎ) 오른쪽
- そば 곁, 옆
- 西(にし) 서쪽
- 北(きた) 북쪽
- 前(まえ)の人 앞 사람
- 机(つくえ)の右(みぎ) 책상 오른쪽
- いすの上(うえ) 의자 위
- かばんの中(なか) 가방 안

4. 何月(なんがつ) 몇 월

何ケ月(なんかげつ) 몇 개월

1) 「월(月)」의 일본어 한자 음(音)은 'がつ' 또는 'げつ'로 읽으며, 「달」은 'つき'로 읽는다.

2) 'がつ'는 달력의 1월, 2월 등의 명칭에 쓰인다.

1월	一月(いちがつ)	5월	五月(ごがつ)	9월	九月(くがつ)
2월	二月(にがつ)	6월	六月(ろくがつ)	10월	十月(じゅうがつ)
3월	三月(さんがつ)	7월	七月(しちがつ)	11월	十一月(じゅういちがつ)
4월	四月(しがつ)	8월	八月(はちがつ)	12월	十二月(じゅうにがつ)

3) 'げつ'는 '일개월(一ケ月 いっかげつ)처럼 달수를 나타내거나 이번 달(今月 こんげつ) 등에 사용된다.

1개월	一ケ月 (いっかげつ)	5개월	五ケ月 (ごかげつ)	9개월	九ケ月 (きゅうかげつ)
2개월	二ケ月 (にかげつ)	6개월	六ケ月 (ろっかげつ)	10개월	十ケ月 (じゅっかげつ、 じっかげつ)
3개월	三ケ月 (さんかげつ	7개월	七ケ月 (ななかげつ、 しちかげつ)	11개월	十ケ一月 (じゅういっかげつ)
4개월	四ケ月 (よんかげつ)	8개월	八ケ月(はちかげつ 、はっかげつ)	12개월	十ケ二月 (じゅうにかげつ)

5. 何曜日(なんようび) 무슨 요일

日曜日 にちようび	月曜日 げつようび	火曜日 かようび	水曜日 すいようび	木曜日 もくようび	金曜日 きんようび	土曜日 どようび

6. 何日(なんにち) 며칠

1) 1일부터 10일까지와 20일만은 일본 고유어로 나타낸다.

- 1일: ついたち
- 2일: ふつか
- 3일: みっか
- 4일: よっか
- 일: いつか
- 6일: むいか
- 7일:なのか
- 8일: ようか
- 9일: ここのか
- 10일: とおか
- 20일: はつか

2) 14일과 24일은 특별하게 나타낸다.

- 14일: じゅうよっか
- 24일: にじゅうよっか

日曜日	月曜日	火曜日	水曜日	木曜日	金曜日	土曜日
1日 ついたち	2日 ふつか	3日 みっか	4日 よっか	5日 いつか	6日 むいか	7日 なのか
8日 ようか	9日 ここのか	10日 とおか	11日 じゅう いちにち	12日 じゅう ににち	13日 じゅう さんにち	14일 じゅう よっか
15日 じゅう ごにち	16日 じゅう ろくにち	17日 じゅう しちにち	18日 じゅう はちにち	19日 じゅう くにち	20日 はつか	21日 にじゅう いちにち
22日 にじゅう ににち	23日 にじゅう さんちにち	24日 にじゅうよ っか	25日 にじゅう ごにち	26日 にじゅう ろくにち	27日 にじゅう しちにち	28日 にじゅう はちにち
29日 にじゅう くにち	30日 さんじゅう にち	31日 さんじゅう いちにち				

관련 단어

フライパン	프라이팬	(frying) pan
鍋(なべ), 片手(かたて)鍋	냄비	pot, saucepan
お皿(さら), プレート	접시	plate
ボウル	그릇	bowl
鍋敷(なべし)き	냄비받침	pot stand
お箸(はし)	젓가락	chopsticks
スプーン	스푼	spoon
ナイフ	나이프	knife
フォーク	포크	fork
はかり	저울	scale

フライ返(がえ)し	뒤집개	turner
ミキサー	믹서기	blender
流し(台)	싱크대	sink
蛇口(じゃぐち)	수도꼭지	faucet
栓抜(せんぬ)き	병따개	bottle opener
缶切(かんき)り	깡통따개	can opener
やかん	주전자	kettle
包丁(ほうちょう)	식칼	knife
お玉(じゃくし)	국자	ladle
鍋(なべ)つかみ	주방장갑	oven glove /oven mitt
皮(かわ)むき	(껍질)벗기개	peeler
グラス	유리잔	glass
(マグ)カップ	머그컵	cup (mug)
しゃもじ/へら	주걱	spatula
トング	집게	tongs
はさみ	가위	scissors
ザル	체, 소쿠리	colander
まな板(いた)	도마	cutting board
食器(しょっき)	식기, 그릇	tableware
食器棚(だな)	찬장	cupboard
ゴミ箱(ばこ)	쓰레기통	wastebasket
ふきん	행주	dishcloth
たわし	수세미	loofah (sponge)
ゴム手袋(てぶくろ)	고무장갑	rubber gloves

(台所用)スポンジ	(주방용) 스펀지	sponge
(食器用)洗剤	(식기)세제	detergent
エプロン	앞치마	apron
台所器具	주방기구	kitchen utensils
台所、キッチン	부엌/주방	kitchen
台所用品	주방용품	kitchen utensils
調理道具	조리도구	cookware
トースター	토스터	toaster
冷蔵庫	냉장고	refrigerator
冷凍庫	냉동고	deep-freezer
食洗機	식기세척기	dishwasher
水差し·水を入れるもの	주전자	pitcher
パン入れ	빵 박스	breadbox
電子レンジ	전자레인지	microwave oven
ガスレンジ/ガスコンロ	가스레인지	kitchen stove/gas stove
炊飯器	밥솥	rice cooker
圧力炊飯器	압력밥솥	pressure cooker
換気扇	환풍기	ventilator
ガス元栓	가스밸브	gas valve
食器洗い機	식기세척기	dishwasher
電気ポット	전기포트	electric pot
ティーポット	찻주전자	teapot
オーブン(レンジ)	오븐	oven
オーブントースター	오븐토스터	toaster oven
泡立て器	거품기	whisk
蒸し器	찜기, 찜통	steamer
コーヒーメーカー	커피메이커	coffee maker

관련 주요 표현

- ガスレンジの火がつきにくいです。가스레인지 점화가 잘 안 돼요.
- ガスレンジの火が弱いみたいです。가스 불이 약한 것 같아.
- 赤い炎が出るときがあります。빨간 불꽃이 나오는 경우가 있어요.
- ガスのにおいがします。가스 냄새가 나요.
- 蛇口から(排水管から)水が漏れます。
  수도꼭지에서(배수관에서) 물이 새요.
- 排水口が詰まったようです。배수구가 막힌 것 같아요.
- 排水口の臭いがひどいです。배수구 냄새가 심해요.
- 排水パイプを交換したいのですが。배수파이프를 교환하고 싶은데요.
- 電子レンジの使い方を教えてもらえますか。
  전자레인지 사용법을 가르쳐 주시겠어요.
- レンジで加熱しすぎましたね。레인지로 너무 가열했어요.
- 明日の朝ごはんのために炊飯器のタイマーを入れておきましょう。
  내일 아침밥을 위해 밥솥 타이머를 켜 둡시다.
- キムチチゲなどに大活躍のトゥッペギ(土鍋), 食卓に1つのるだけで、韓国らしい雰囲気になる。
  김치찌개 등으로 대활약인 뚝배기, 식탁에 하나 오르는 것만으로, 한국다운 분위기로 된다.
- スーパーに行ってくるから、洗濯物干しておいてくれる。
  슈퍼에 갔다 올 테니 빨래 널어 놔줄래?
- 今日は外食しよう。오늘은 외식하자.
- 今日はぼくがおごるよ。오늘은 내가 낼게.

독해 연습

■ ビジネスシーンでの「さしすせそ」

「さしすせそ」というと、料理の際の調味料を思い浮かべる人が多いでしょう。それはあながち違ってはいません。というのも、「褒め言葉」は人間同士のコミュニケーションの「調味料」ようなもの。調味料を使いこなすとおいしい料理ができるように、褒め言葉を上手に使うことによって「おいしい人間関係」も築けるのです。さて、褒め言葉の「さしすせそ」ですが、次の5つのセリフがそれにあたります。

「さ」=「さすがです」
「し」=「知りませんでした」
「す」=「すごいですね」
「せ」=「センスありますね」
「そ」=「そうなんですか」「そうなんですね」

このように並べてみると、多くの人が「普段よく使う言葉ばかりだ」と感じるのではないでしょうか。そのとおり、日本人ならビジネスシーンに限らず、日常的に使うセリフばかりです。

(인용 출처: https://u-note.me/note/47496945)

質問 1. 本文にあっているものをすべて選びなさい。

1. ビジネスシーンでの「さしすせそ」は5つの褒め言葉である。
2. ビジネスシーンでの「さしすせそ」は日常的にはあまり使わず、おもに外国人にたいして使うセリフである。
3. 「さしすせそ」は日本人ならビジネスシーンに限らず、日常的に使うセリフばかりです。

핵심 단어 & 관용적인 표현 작문

〈핵심 단어〉

① 물 … □□□

② 접시 … □□□

③ 밥 … □□□

④ 냉장고 … □□□□□

〈관용적인 표현 작문〉

① 외식하자.… □□□□□□□□

② 그러자.… □□□□□

③ 아직 먹을 수 있을 거야.… □□□□□□□□□□□

③ 레인지로 데워(줘).… □□□□□□□□□□

기본 인사말

- りっぱですね。 멋지네요.
- どこか わるいんですか。 어디 아프세요?
- たいへんですね。 아이고 힘드네요/힘드시겠군요.
- かしこまりました。 잘 알겠습니다.
- ご親切(しんせつ)に ありがとうございます。 친절에 감사드립니다.

Chapter

8

調味料
조미료

학습포인트

1. 조미료 단어와 표현 연습
2. 맛 표현 연습
3. ~わ, ~の 등 종조사 표현 익히기

8 調味料 조미료

회화 Ⅰ

サクラ　：ハンバーグステーキができたわ。今日は何のソースで食べようかしら。

ヨシコ　：いつものようにステーキソースがいいわ。

サクラ　：この少し辛くて、匂いの強い香辛料、何かしら？

ヨシコ　：コショウだと思うわよ。

サクラ　：もっとおいしく味わうためにソースの作り方はぜひ知っておきたいわ。

본문해석

사쿠라 : 함박스테이크 다 됐다. 오늘은 무슨 소스로 먹을까?

요시코 : 늘 그렇듯이 스테이크 소스가 좋아

사쿠라 : 이 조금 매우면서 냄새가 강한 향신료 뭐지?

요시코 : 후추일거야!

사쿠라 : 좀 더 맛있게 먹기 위해 소스 만드는 법은 꼭 알아두고 싶네.

단어

- ハンバーグステーキ：함박스테이크
- 今日(きょう)：오늘
- ソース：소스
- ～かしら：～지 몰라, ～인가
- ソース：소스
- 少(すこ)し：조금
- 匂(にお)い：냄새
- 香辛料(こうしんりょう)：향신료
- ～と思(おも)う：～라고 생각하다, ～일 것이다
- もっと：좀 더
- 味(あじ)わう：맛보다, 음미하다
- 作(つく)り方(かた)：만드는 법
- 知(し)る：알다
- できる：되다, 완성하다, 생기다
- 何(なん)の：무슨
- 食(た)べる：먹다
- いつも：늘, 항상
- いい：좋은
- 辛(から)い：매운
- 強(つよ)い：강한
- コショウ：후추
- おいしい：맛있는
- ～ために：～를 위해
- ぜひ：꼭
- ～ておく：～해 두다

회화 Ⅱ

サクラ ： 食堂の料理は調味料が多く入っているせいか、すぐあきるわね。この豚のヒレ肉料理、なんて美味しいの！何の調味料を使ったの？

ヨシコ ： 赤ワインソースを少々入れたのよ。

サクラ　：おいしいトンカツをつくる秘訣を、何か知っている？
ヨシコ　：それは秘密！

본문해석

사쿠라 : 식당음식은 조미료를 많이 넣은 탓인지 금방 질려. 이 돼지 안심 요리, 어쩜 이렇게 맛있어! 무슨 조미료를 쓴 거야?
요시코 : 레드와인 소스를 조금 넣었어.
사쿠라 : 맛있는 돈가스 만드는 비결, 뭔가 알고 있어?
요시코 : 그건 비밀!

단어

- 食堂(しょくどう)：식당
- 調味料(ちょうみりょう)：조미료
- 入(はい)る：들어오다(가다)
- すぐ：금방, 바로
- 豚(ぶた)：돼지
- なんて：어쩜(이리)
- 使(つか)う：사용하다
- 少々(しょうしょう)：잠시, 잠시만
- トンカツ：돈가스
- 秘訣(ひけつ)：비결
- 知(し)る：알다
- 料理(りょうり)：요리, 음식
- 多(おお)い：많은
- せい：탓
- あきる：질리다
- ヒレ肉(にく)：안심
- おいしい：맛있는
- 赤(あか)ワインソース：레드와인소스
- 入(い)れる：넣다
- 作(つく)る：만들다
- 何(なに)か：뭔가
- 秘密(ひみつ)：비밀

해설

1. 종조사「の」~니, ~요/ ~해

「かしら」와 더불어「の / わ」도 주로 여성들이 많이 사용하는 종조사임.

종조사 の는 のだ のか のよ에서 だ、か、よ를 생략한 것으로 볼 수 있으며, 용법은 〈질문〉〈가벼운 단정〉〈감동〉〈설득〉〈확인〉 등을 나타냄.

1) 질문/확인/감동

예 ① 何時(なんじ)から始(はじ)まるの。(몇 시부터 시작하는 거야?)

② 日本語できるの。(일본어 할 수 있어?)

③ 君も行くの。(너도 가니?)

④ なんて美味しいの。(어쩜 이렇게 맛있어!)

2) 가벼운 단정

예 うちの大学はとてもきれいなの。(우리대학은 정말 아담해)

3) 설득

예 いつまでもめそめそしないの。
(언제까지나 훌쩍거리는 게 아니야)

2.「わ」~어/~요, ~이야

종조사「わ」는 특별한 의미는 갖지 않고 문맥상 전체적으로 부드러운 느낌을 갖게 해 준다.

예 ① ちょっと心配(しんぱい)だわ。(좀 걱정이야)

② いま勉強しているわ。(지금 공부하고 있어)

③ いま行くわ。ちょっと待っててね。 (지금 가. 좀 기다려)

관련 단어

砂糖(さとう)	설탕	sugar
塩(しお)	소금	salt
酢(す)	식초	vinegar
醤油(しょうゆ)	간장	soy sauce
味噌(みそ)	된장	miso/soybean paste
コショウ/唐辛子(とうがらし)	후추	pepper
みりん	미림(조미료용 술 일종)	sweet sake
パン粉(こ)	빵가루	breadcrumbs
マスタード	마스터드, 서양겨자	mustard
黒砂糖(くろざとう)	흑설탕	brown sugar
唐辛子粉(こ)	고춧가루	chili powder
かたくり粉(こ)/片栗粉	녹말/얼레짓가루	potato starch
カレー粉(こ)	카레 가루	curry powder
シナモン	계핏가루	cinnamon
しょうが/生姜	생강	ginger
マヨネーズ	마요네즈	mayonnaise
ケチャップ	케찹	ketchup
ドレッシング	드레싱	dressing
生(なま)クリーム	생크림	heavy cream/whipping cream

ホワイトソース	화이트소스	white sauce
チリソース	칠리소스	chili sauce
オイスターソース	굴소스	oyster sauce
オリーブオイル	올리브 오일	olive oil
ラー油(ゆ)	고추기름	chili oil
ごま油	참기름	sesame oil
エゴマ油	들기름	perilla oil
調味料(ちょうみりょう)	조미료	condiments
食用油(しょくようゆ)	식용유	cooking fat
調理油(ちょうりゆ)	조리용 기름	cooking oil
料理酒(りょうりしゅ)	맛술	cooking sake
鰹節(かつおぶし)	가쓰오부시	dried bonito
煮干(にぼ)し	니보시, 마른 멸치	dried sardine
わさび	와사비	horseradish
水(みず)あめ	물엿	starch syrup
蜂蜜(はちみつ)	꿀	honey

관련 주요 표현

- 塩をふりかける 소금을 뿌리다
- 塩で味をつける 소금으로 간을 하다
- 塩でもむ 소금으로 버무리다
- 醤油で味の加減をする 간장으로 간을 맞추다
- 塩味醤油に漬けておく 간장에 절여 놓다

- 酢に漬ける 식초에 절이다
- 酢で生臭みを取る 식초로 비린내를 없애다
- 砂糖を入れる 설탕을 넣다
- 砂糖で甘みを出す 설탕으로 단맛을 내다
- 砂糖をまぶす 설탕을 묻히다
- 味噌で和える 된장으로 버무리다
- 味噌を溶く 된장을 풀다
- コショウをふりかける 후추를 뿌리다
- 酢(からし)を入れる 식초(겨자)를 넣다
- ごま油に付けて食べる 참기름에 찍어먹다
- アミの塩辛で味付けする 새우젓으로 간을 하다
- わさび醤油に付けて食べる 와사비 간장에 찍어먹다
- 山椒(さんしょう)の粉を入れて食べる 산초가루를 넣어 먹다
- ドレッシングをかけて食べる 드레싱을 뿌려 먹다
- ソースをかけて食べる 소스를 뿌려 먹다

독해 연습

■ 最高の調味料は、食事の時の楽しい会話

一人で食事をしなければならない時もあるでしょうが、なるべくなら会話を楽しみながら食べたいものですし、料理の味は誰と食べるかでもずいぶん変わりますよね。

一家団欒で家族でワイワイガヤガヤ食べる時も、仲間たちと遊びや趣味の話をしながら食べる良きも、楽しい会話は、料理も美味しくする調味料になります。

同じ場所で同じものを食べている人であっても、楽しい会話か楽しくない会話かで料理の味も変わり、共に過ごせる時間のありがたみも変わるでしょう。

料理には人と仲良くなるためのエキスも入っています。家庭の食卓に並ぶ料理が美味しいかどうかではなく、料理を美味しく食べられるような話をしたかどうかです。

喧嘩をしていても、料理の時は休戦して楽しむこと。

そんなルールがあってもいいのかもしれませんし、それを守ろうとすることで喧嘩も収まるかもしれません。

だいたい、腹が減るとイライラしてくるものですし、食欲が満たされた後は喧嘩をする気にもなれません。

最高の調味料を使った食事を味わいたいものですね。

(인용 출처 : https://note.com/self_image/n/nf4cf3812d077)

質問 1. 本文にあっているものをすべて選びなさい。

1. 料理の味は誰と食べるかでもずいぶん変わる。
2. 楽しい会話は、料理も美味しくする調味料になる。
3. 腹が減ると喧嘩をする気にもなれない。

핵심 단어 & 관용적인 표현 작문

〈핵심 단어〉

① 맵다 … □□□
② 넣다 … □□□
③ 조미료 … □□□□□□□
④ 비결 … □□□

〈관용적인 표현 작문〉

① 여느 때처럼 … □□□□□□□

② 무슨 조미료를 쓴 거야? … □□□□□□□□□□□□□□□□

③ 뭔가 알고 있니? … □□□□□□□□

④ 꼭 알아두고 싶어. … □□□□□□□□□□

기본 인사말

- ご趣味(しゅみ)は なんですか。취미는 뭡니까?
- 相(あい)かわらずですね。여전하시네요.
- よろしいでしょうか。(いいですか。) 괜찮습니까?
- おてつだいしましょうか。도와드릴까요?
- ひどいですね。심하군요.
- 忙(いそが)しくて 時間(じかん)が ないんです。바빠서 시간이 없어요.
- とても 楽(たの)しかったですよ。매우 즐거웠어요.

Chapter

9

お酒/飲み物
술/음료

학습포인트

1. 술/음료관련 단어와 표현 연습
2. お~いたす, お~になる 경어 표현 연습

9 お酒/飲み物 술/음료

회화 I

スタッフ：何にいたしましょうか。

田中：日本酒が好きなんですけど、この時期オススメの日本酒ってありますか？

スタッフ：日本酒なら最近人気の‘伊佐美’というサケをお勧めします。

田中：とりあえず、それを1本ください。それから、このおつまみをもっといただけますか？

スタッフ：はい、かしこまりました。すぐおもちします。

田中：朴さん、一緒に1杯やりましょう。じゃ、どうぞ。

朴：あ、ありがとうございます。田中さんも、どうぞ。

田中：私たちの友情のために、乾杯！

朴：乾杯！

본문해석

스태프 : 무엇으로 드릴까요?

타나카 : 일본 술을 좋아하는데, 이 시기에 추천할 만한 일본 술이 있나요?

스태프 : 일본 술이라면 최근 인기의 '이사미'라는 사케를 추천드립니다.

타나카 : 우선 그것을 1병 주시고요. 그리고 이 안주를 좀 더 주실 수 있나요?

스태프 : 네 알겠습니다. 바로 가져다 드리겠습니다.

타나카 : 박 상, 같이 한잔 하시죠! 자 받으세요.

박 : 감사합니다. 타나카 상도 자 받으세요.

타나카 : 우리들 우정을 위해, 건배!

박 : 건배!

단어

- 何(なに) : 무엇, 뭘
- 好(す)きだ : 좋아한다
- オススメ : 추천
- 最近(さいきん) : 최근
- 伊佐美(いさみ) : 사케의 1종
- とりあえず : 우선
- それから : 그리고, 그리고 나서
- もっと : 좀 더
- 日本酒(にほんしゅ) : 일본술, 사케
- 時期(じき) : 시기
- ～なら : ～라면
- 人気(にんき) : 인기
- サケ : 일본정종
- 1本(いっぽん) : 1병
- おつまみ : 안주
- 一緒(いっしょ)に : 같이

- 1杯(いっぱい)：1잔
- ~のために：~를 위해
- 友情(ゆうじょう)：우정
- 乾杯(かんぱい)：건배

회화 Ⅱ

スタッフ：いらっしゃいませ。こちらにどうぞおかけくださいませ。

田中　　：ありがとう。

スタッフ：何になさいますか。

田中　　：何か赤ワインはありますか。

スタッフ：フランス産の有名なシャトー ラグランジュがおすすめ なんですが。

田中　　：とりあえず、それを一本ください。

スタッフ：はい、かしこまりました。少々お待ちくださいませ。

――――――――――――――――――

スタッフ：しつれいします。こちらがご注文のシャトー ラグランジュでございます。今すぐお開けしてもよろしいでしょうか。

田中　　：はい。

スタッフ：お客様、お味をお試しいただけますでしょうか。

田中　　：(ワイングラスをくるくるまわしてから) うん、いい 香りですね。

본문해석

스태프 : 어서오십시오. 이쪽에 앉으십시오.
타나카 : 고마워요.
스태프 : 뭘로 하시겠습니까?
타나카 : 레드와인 뭐가 있나요?
스태프 : 프랑스산의 유명한 샤또 라그랑주를 추천드립니다만.....
타나카 : 우선 그걸 1병 주세요.
스태프 : 네 알겠습니다. 잠시만 기다려 주십시오.

스태프 : 실례하겠습니다. 이것이 주문하신 샤또 라그랑주입니다. 지금 바로 열어드려도 될까요?
타나카 : 네.
스태프 : 손님, 맛 보시겠습니까?
타나카 : (와인 잔을 빙글빙글 돌리고나서) 으음, 향기가 좋네요.

단어

- かける : 앉다
- 赤(あか)ワイン : 레드와인
- フランス産(さん) : 프랑스산
- 有名(ゆうめい)だ : 유명하다
- シャトー ラグランジュ : 샤또 라그랑주(와인의 일종)
- 少々(しょうしょう) : 잠시, 잠시만
- 待(ま)つ : 기다리다
- しつれい(失礼) : 실례
- 注文(ちゅうもん) : 주문
- 今(いま)すぐ : (지금) 바로
- 開(あ)ける : 열다
- お客様(きゃくさま) : 손님
- 味(あじ) : 맛

- 試(ため)す : 맛보다, 시험하다
- くるくる : 빙글빙글
- ~ながら : ~하면서
- 香(かお)り : 향기
- ワイングラス : 와인 잔
- まわす : 돌리다
- いい : 좋은

해설

1. ~けど ~인데, ~(이)지만

'けど'는 'けれども'의 줄임말로서 회화체에 많이 쓰이며 'けれど'라고도 한다.

예 日本酒が好きなんですけど、(일본술을 좋아하는데)

■ 경어표현

1. 경어(敬語)의 종류

① 존경어(尊敬語(そんけいご)) : 상대를 높여 존경을 표하는 말.

② 겸양어(謙譲語(けんじょうご)) : 자신을 낮추어 상대편을 높이는 말.

③ 정중어(丁寧語(ていねいご)) : 말투를 공손히 하여(예의를 차려서) 하는 말

2. ~れる/られる ~하시다(경어)

동사의 ない형에 れる/られる를 붙여 만든다.

■ 조동사 れる/られる(하시다) 형태의 존경형

구분	기본형(사전형) →사역형
5단동사 (Ⅰ그룹동사)	書く(쓰다) → 書かれる(쓰시다) 読む(읽다) → 読まれる(읽으시다)
1단동사 (Ⅱ그룹동사)	着る(입다) → 着られる(보게 하다) 教える(가르치다) → 教えられる(먹게 하다)
변격동사 (Ⅲ그룹동사)	する(하다) → される(하시다) 来る(오다) → 来られる(오시다)

3. お(ご)~になる ~하시다(존경)

~부분에는 동사의 ます형이 들어간다.

예 三味線の音をお聞きになったことがありますか。

(샤미센 소리를 들으신 적이 있습니까?)

4. お(ご)~ください ~해 주십시오(존경)

~부분에는 동사의 ます형이 들어간다.

예 こちらにお名前とご住所をお書きください。

(여기에 성함과 주소를 써 주십시오.)

예 こちらにどうぞおかけくださいませ。

(자 이쪽으로 앉으십시오.)

5. お~する/いたす ~하다/~해 드리다(겸양)

~부분에는 동사의 ます형이 들어간다.

예 宿題のレポートを集めて、お持ちしました。

(숙제 레포트를 거둬 가지고 왔습니다.)

6. お~いただく ~주시다(겸양)

~부분에는 동사의 ます형이 들어간다.

예 ちょっとお待ちいただければ、すぐお知らせいたします。

(잠시 기다려 주시면, 바로 알려드리겠습니다.)

7. ~ていただく ~주시다(겸양)

~부분에는 동사의 て형이 들어간다.

예 ① お味をお試しいただけますでしょうか。(맛 보시겠습니까?)

② 写真を撮っていただけませんか。

(사진을 찍어 주실 수 없으시겠습니까?)

③ 辞書を貸していただけませんか。

(사전을 빌려주실 수 없으시겠습니까?)

* ~させていただきます。~하겠습니다(겸양)

예 発表させていただきます。

8. 경어의 [お/ご]

- 존경어, 겸양어, 정중어로 쓰인다.
- 존경어로 쓰이는 예 → ご家族(가족)、お誕生日(생신)
- 겸양어로 쓰이는 예 → ご案内(안내)、お知らせ(통보)
- 정중어로 쓰이는 예 → お花(꽃)、お酒(술)

9. 경어표현

보통어	정중어	존경어	겸양어
	ます	お（ご）～になります/ れる/られる	お（ご）～します
話す	話します	お話しになります 話されます	お話しします
出かける	出かけます	お出かけになります 出かけられます	
説明する	説明します	ご説明になります 説明されます	ご説明します

관련 단어

スイーツ·お菓子(과자)		
アップルパイ	에플파이	apple pie
ホットケーキ	핫케이크	hot cake
チーズケーキ	치즈케이크	cheesecake
ゼリー	젤리	jelly
マフィン	머핀	muffin
キャラメル	캐러멜	caramel
飴(あめ)	사탕	candy
せんべい	센베이	rice cracker
カステラ	카스테라	castella
プリン	푸딩	pudding
ポテトチップス	포테토칩	potato chips
ティラミス	티라미수	tiramisu
ワッフル	와플	waffle
ドーナツ	도너츠	doughnut
豆·乳製品(콩·유제품)		
チーズ	치즈	cheese
バター	버터	butter
きな粉(こ)	콩가루	bean flour
マーガリン	마가린	margarine
ピーナッツ	피넛, 땅콩	peanuts
豆乳(とうにゅう)	두유	soy milk
ヨーグルト	요구르트	yoghurt

ジュース·お茶·お酒 関連(주스·차·술 관련)		
りんごジュース	사과 주스	apple juice
マンゴージュース	망고 주스	mango juice
トマトジュース	토마토 주스	tomato juice
ぶどうジュース	포도 주스	grape juice
ミルクティー	밀크티	milk tea
ウーロン茶(ちゃ)	우롱차	oolong tea
ほうじ茶	호지차	roasted tea
麦茶(むぎちゃ)	보리차	barley tea
ココア	코코아	cocoa
コーラ	콜라	coke
シャンパン	샴페인	champagne
ウィスキー	위스키	whiskey
生(なま)ビール	생맥주	draft beer
瓶(びん)ビール	병맥주	bottled beer
カクテル	칵테일	cocktail
赤(あか)ワイン	레드 와인	red wine
白(しろ)ワイン	화이트 와인	white wine
ロゼワイン	핑크 와인	pink wine
清酒(せいしゅ)	청주, 정종	rice wine
梅酒(うめしゅ)	매실주	plum wine
焼酎(しょうちゅう)	소주	Soju
手作(てづく)りビール	수제맥주	microbeer
ワイングラス	와인 잔	wine glass
おちょこ/御猪口	작은 사기 잔	sake cup

관련 주요 표현

- とりあえず、生ビール1杯だけください。우선 생맥주 1잔만 주세요.
- 一緒に1杯やりましょうか。같이 한잔 할까요?
- 私はお酒が飲めないんです。난 술을 못해요.
- 私は酒を一口も飲めません。난 술을 한 모금도 못 마셔요.
- それで、会食のときなどはウロン茶かノンアルコールビールを飲みます。
  그래서 회식 땐 우롱차나 무알코올 맥주를 마십니다.
- 私は甘い果実酒が好きです。나는 달콤한 과일주를 좋아해요.
- 私は毎朝、果実ジュースを飲みます。나는 아침마다 과일주스를 마셔요.
- 私の家は水の代わりに、麦茶を沸かして飲みます。
  우리 집은 물 대신 보리차를 끓여 마셔요.
- 最近焼酎など体にやさしい酒が人気です。
  최근 과일소주 등 몸에 좋은 술이 인기입니다.
- おつまみはお酒を飲む時には欠かせない存在です。
  술안주는 술을 마실 때 빼놓을 수 없는 존재입니다.
- 私はビールが好きなんです。난 맥주를 좋아해요.
- 私は甘い果実酒が好きです。난 달콤한 과실주를 좋아해요.
- 私はウィスキーよりワインが好きです。난 위스키보다 와인을 좋아해요.
- ウイスキーにチャレンジしてみたいんです。
  위스키에 도전해보고 싶어요.
- お勧めのカクテルは何ですか。추천 칵테일이 뭡니까?
- 最近人気のワインってなんですか？최근 인기 있는 와인이 뭐지요?
- おしぼりをどうぞ。여기 물수건입니다.
- これで手を拭いてください。이것으로 손을 닦으십시오.
- こちらはワインリストです。이건 와인리스트입니다.

독해 연습

■ 賞味期限と流通期限

この日付は何を示している？日本では賞味期限や消費期限で食品の品質維持期間を表示しますが、韓国では「流通期限」で期限を表示します。

流通期限とは、商品を消費者に販売することができる期限のこと。食品の新鮮度の指標でもあり、食品の腐敗や変質の有無に関わらず流通期限を過ぎたら食べない方が無難と考えてよいでしょう。

もちろん開封前のことですので、開封後の判断は消費者に委ねられています。

また、食品によっては「製造年月日」や、食べても安全と判断される「消費期間」が表示されることもあります。

砂糖、アイスクリーム類、氷菓類、食用氷、ガム類、再製塩、加工塩、精製塩、アルコール類は、流通期限の表示義務が免除されます。ただし、製造日時の記載は必要です。

パンやマカロン、スーパーの総菜コーナーなど、店内で製造した食品を24時間以内に販売する場合も、流通期限は表示しなくてもよいとされています。

質問 1. 本文にあっているものをすべて選びなさい。

1. 日本では賞味期限や消費期限で食品の品質維持期間を表示する。
2. 韓国では「流通期限」で食品の品質維持期間を表示する。
3. 砂糖、アイスクリーム類、氷菓類、食用氷、ガム類などは製造日時の記載は不必要である。

핵심 단어 & 관용적인 표현 작문

〈핵심 단어〉

① 1잔 … □□□□

② 1병 … □□□□

③ 건배 … □□□□

④ 레드와인 … □□□□□

〈관용적인 표현 작문〉

① 좀 더 주실 수 있나요? … □□□□□□□□□□

② 뭘로 드릴까요? … □□□□□□□□□□□

③ 그것을 1병 주세요. … □□□□□□□□□□□

④ 지금 바로 열어드려도 될까요? …
□□□□□□□□□□□□□□□□□

기본 인사말

- かしこまりました。 잘 알겠습니다.
- ここから どの くらい かかりますか。 여기서 얼마나 걸립니까?
- 少々(しょうしょう) お待(ま)ちください。 잠시만 기다려 주십시오.
- 大丈夫(だいじょうぶ)ですか。 괜찮으세요?
- からいのは だめです。 매운 것은 못 먹습니다.

Chapter

10

八百屋/食材料
채소가게/식재료

학습포인트

1. 채소, 식재료, 과일 관련 단어와 표현 연습
2. 주요 경어동사와 경어표현
3. 섞다, 뿌리다 등의 조리 표현

10 八百屋/食材料 채소가게/식재료

회화 I

スタッフ：いらしゃいませ。何名様でございますか。

田中：２人です。

スタッフ：2名様ですね。ご案内いたします。こちらへどうぞ。

横田：ビビンバは食べたことがありますか。

田中：いいえ、まだです。サムゲタンは食べたことがありますが...。

横田：ビビンバは、ご飯の上に豆もやしやナスのナムルなど数種類の野菜を乗せ、ごま油とコチュジャンを好みでかけて、混ぜ合わせてから食べる料理なんです。

スタッフ：ご注文はおきまりでしょうか。

田中：ビビンバと冷麺を2人前ください。

スタッフ：はい、ビビンバと冷麺、2人前ですね。かしこまりました。

본문해석

스태프 : 어서 오십시오. 몇 분이십니까?

타나카 : 2명이에요.

스태프 : 두 분이시죠. 안내해드리겠습니다. 이쪽으로 오십시오.

요코타 : 비빔밥은 먹어본 적이 있나요?

타나카 : 아니오, 아직입니다. 삼계탕은 먹어본 적이 있습니다만.....

요코타 : 비빔밥은 밥 위에 콩나물이나 가지나물 등 몇 종류의 야채를 얹고, 참기름과 고추장을 필요한 만큼 넣어, 비벼서 먹는 요리예요.

스태프 : 주문하시겠습니까?

타나카 : 비빔밥과 냉면을 2인분 주세요.

스태프 : 네, 비빔밥과 냉면 2인분 말씀이시죠. 알겠습니다.

단어

- 何名様（なんめいさま）：몇 분
- 案内(あんない)：안내
- 食(た)べる：먹다
- まだ：아직
- ご飯(はん)：밥
- 豆(まめ)もやし：콩나물
- ナムル：나물
- 野菜(やさい)：야채, 채소
- ごま油(あぶら)：참기름
- ２人(ふたり)：2명
- ビビンバ：비빔밥
- ～ことがある：~한 적이 있다
- サムゲタン：삼계탕
- 上(うえ)：위
- ナス：가지
- 数種類(すうしゅるい)：여러 종류
- 乗(の)せる：얹다
- コチュジャン：고추장

- 好(この)みで：필요한(원하는) 만큼
- 混(ま)ぜ合(あ)わせる：섞다
- 注文(ちゅうもん)：주문
- 冷麺(れいめん)：냉면
- かける：뿌리다
- 料理(りょうり)：요리
- きまり：정함, 결정
- 2人前(ににんまえ)：2인분

회화 Ⅱ

スタッフ：こちらはお下げいたします。デザートは何になさいますか。

田中：何がありますか。

スタッフ：果物とケーキがございますが、どちらになさいますか。

田中：そうですか。果物はどんなものがありますか。

スタッフ：すいか、りんご、パインアップルなどがございます。

田中：それじゃ、すいかをお願いします。

スタッフ：はい、かしこまりました。少々お待ちください。

본문해석

스태프 : 이건 치워 드리겠습니다. 디저트는 뭘로 하시겠습니까?

타나카 : 어떤 게 있나요?

스태프 : 과일과 케이크가 있습니다만, 어떤 걸로 하시겠습니까?

타나카 : 아, 그래요. 과일은 어떤 게 있나요?
스태프 : 수박, 사과, 파인애플 등이 있습니다.
타나카 : 그럼 수박 부탁해요.
스태프 : 네 알겠습니다. 잠시만 기다려 주십시오.

단어

- 下(さ)げる : 치우다, 내리다
- 何(なに) : 무엇
- 果物(くだもの) : 과일
- どちら : 어떤 것, 어느 쪽
- すいか : 수박
- パインアップル : 파인애플
- デザート : 디저트
- なさる : 하시다
- ケーキ : 케이크
- どんな : 어떤
- りんご : 사과

해설

1. ~た ことが ある / ない ~한 적이 있다 / 없다

「~た ことが ある / ない」는 어떤 일을 한 적이 있는지 없는지 경험(経験(けいけん))을 물을 때 쓰는 표현이다. 동사의 과거형(た형)에 접속.

예 ① 慶州へ行ったことがあります。
(경주에 가본 적이 있습니다.)

② 一度(いちど)も飛行機(ひこうき)に乗(の)ったことがありません。
(한 번도 비행기를 탄 적이 없습니다.)

2. 주요 경어동사

구 분	사 례
존경어	なさる おっしゃる 召し上がる いらっしゃる くださる おいでになる ごらんになる
겸양어	まいる うかがう おる いただく 頂戴する 拝見する、お目にかかる 申す、申し上げる 存じる、存じ上げる かしこまる、承知する
정중어	です ます ございます

3. 특별한 형태의 존경어/정중어 표현

보통어	정중어	존경어	겸양어
		(先生が)	(私が)
行く	行きます	いらっしゃいます	まいります/うかがいます
来る	来ます	いらっしゃいます	まいります/うかがいます
いる	います	いらっしゃいます	おります
言う	言います	おっしゃいます	申します / 申し上げます
見る	見ます	ご覧になります	拝見します
飲む	飲みます	召し上がります	いただきます
食べる	食べます	召し上がります	いただきます
知っている	知っています	ご存じです	存じております 存じ上げております
する	します	なさいます	いたします

(教え)ている	(教え)ています	(教え)ていらっしゃいます	(教え)ております
くれる	くれます	くださいます	
もらう	もらいます		いただきます
あげる	あげます		さしあげます
会う	会います	お会いになります	お目にかかります
聞く	聞きます	お聞きになります	うかがいます

관련 단어

野菜(채소, 야채)		
トマト	토마토	tomato
ミニトマト	방울토마토	cherry tomato
なす	가지	eggplant
かぼちゃ	호박	pumpkin
ブロッコリー	브로콜리	broccoli
キャベツ	양배추	cabbage
かぶ	순무	turnip
オクラ	오크라	okura
きゅうり	오이	cucumber
ごぼう	우엉	burdock
アスパラガス	아스파라거스	asparagus
じゃがいも	감자	potato
さつまいも	고구마	sweet potato
玉ねぎ	양파	onion
しょうが(生姜)	생강	ginger
セロリ	셀러리	celery
ズッキーニ	주키니(호박)	zucchini
たけのこ	죽순	bamboo shoot
とうがらし(唐辛子)	고추	red pepper
ニラ	부추	chinese chives
にんにく	마늘	garlic

にんにくの芽	마늘종	stem of garlic
ねぎ	파	green onion
長ねぎ	대파	poireau
だいこん(大根)	무	radish
にんじん	당근	carrot
ピーマン	피망	green pepper
まめ(豆)	콩	soya (bean)
れんこん	연근	lotus root
レタス	양상추	lettuce
はくさい(白菜)	배추	cabbage
パプリカ	파프리카	paprika
きのこ	버섯	mushroom
かぼちゃ	호박	pumpkin
しゅんぎく(春菊)	쑥갓	crown daisy
せり	미나리	water parsley
ほうれん草	시금치	spinach
エゴマの葉	깻잎	perilla leaf
パセリ	파슬리	parsley
さといも	토란	taro
わらび	고사리	bracken
キキョウ(の根)	도라지	balloon flower
グリーンピース	청완두	green peas
大豆モヤシ	콩나물	bean sprouts
緑豆モヤシ	숙주나물	(green) bean sprouts
まつたけ(松茸)	송이버섯	pine mushroom
ひらたけ(平茸)	느타리버섯	oyster mushroom
しいたけ(椎茸)	표고버섯	shiitake (mushroom)
えのき(だけ)	팽이버섯	enoki mushroom
マッシュルーム	양송이버섯	button mushroom
エリンギ	새송이버섯	king oyster mushroom

食材料(식재료)		
チーズ	치즈	cheese
バター	버터	butter
ジャム	잼	jam
ミートソース	미트소스	meat sauce
マヨネーズ	마요네즈	mayonnaise
ベーコン	베이컨	bacon
ソーセージ	소세지	sausage
ケチャップ	케첩	kecap
タバスコ	타바스코	tabasco
ポン酢(ず)	폰즈	ponzu(sauce)
こしょう	후추	pepper
ピーナツ	땅콩	peanut
ごま(胡麻)	깨	sesame
果物(과일)		
りんご	사과	apple
すいか	수박	watermelon
みかん	밀감	mandarin orange
マンゴー	망고	mango
メロン	멜론	melon
バナナ	바나나	banana
ブルーベリー	블루베리	blueberry
さくらんぼ	체리	cherry
オレンジ	오렌지	orange
桃(もも)	복숭아	peach
梨(なし)	배	pear
柿(かき)	감	persimmon
パイナップル	파인애플	pineapple
ぶどう	포도	grape
いちご	딸기	strawberry
キウィ	키위	kiwi

관련 주요 표현

- あの野菜の名前は何ですか？ 저 야채 이름이 뭐예요?
- 左側の後ろにあるのを見せてください。
  왼쪽 뒤에 있는 걸 보여 주세요.
- 足もとにご注意下さい。발밑을 조심하세요.
- これはどうやって食べるんですか？ 이건 어떻게 먹어요?
- 値段はどうなりますか？ 가격이 어떻게 되나요?
- 大根一個ください。무 한 개 주세요.
- 私は野菜が好きです。난 야채를 좋아해요.
- 私は毎朝野菜ジュースを飲みます。난 매일 아침 야채주스를 마셔요.
- 新鮮な果物も好んで食べます。신선한 과일도 즐겨 먹어요.
- 八百屋で、大根、ニンジン、ナス、玉ねぎを買ってきたよ。
  야채 가게에서 무, 당근, 가지, 양파를 사 왔어.
- お肉をサンチュなどの野菜に包んで食べなさい。
  고기를 상추 같은 야채에 싸 먹어.
- この肉にレタスをいっしょに食べなさい。
  이 고기를 양상추와 같이 먹어.
- ニンニクの皮をむく。마늘을 까다.
- ニンニクを細かく刻む。마늘을 다지다.
- 玉ねぎを剥く。양파 껍질을 까다.
- 塩水に白菜をつけ込む。소금물에 배추를 절이다.
- 山菜を採る。산나물을 캐다.
- レタスを食べやすい大きさに切った。
  양상추를 먹기 좋은 크기로 잘랐다.

- 青唐辛子をコチュジャンにつけて食べた。
  풋고추를 고추장에 찍어 먹었다.
- 私の夫は豆腐が入っているみそ汁が好きです。
  남편은 두부가 들어간 된장찌개를 좋아해요.
- 息子は野菜を食べないので心配だ
  아들은 야채를 안 먹어서 걱정이다.

독해 연습

日本と異なり韓国の八百屋は野菜のみを販売する店舗が多いのが特徴。トマトは果物屋で販売されている場合が多い。

焼肉屋で出てくる大量のサンチュ、ビビンバに入っている色とりどりのナムル、そしてお決まりのキムチなど…。たっぷりの生野菜や野菜メインの様々なおかず類は、韓国料理がヘルシーと言われる最大の理由である。

実は、韓国の国民１人あたりの野菜消費量は、何と世界トップレベルだそう。そんな背景からか、韓国の八百屋には日本でおなじみのものから韓国独特のものまで多彩な野菜が並び、価格も良心的でとても充実しています。

しかし、地元の人が多く利用するだけに、野菜の名前や値段の表記がなかったりすることもしばしば。外国人には少し利用しづらいお店のひとつです。

質問１. 本文にあっているものをすべて選びなさい。

１. 韓国の国民１人あたりの野菜消費量は、世界トップレベルである。
２. 日本と異なり韓国の八百屋は野菜のみを販売する店舗が多い。
３. 韓国の八百屋は外国人には少し利用しづらいお店のひとつである。
４. 韓国でのトマトの販売は果物屋より八百屋で販売されている場合が多い。

핵심 단어 & 관용적인 표현 작문

〈핵심 단어〉

① 과일 … □□□□

② 야채 … □□□

③ 섞다 … □□□□□□

④ 디저트 … □□□□

〈관용적인 표현 작문〉

① 치워드리겠습니다. … □□□□□□□□

② 먹어본 적이 있나요? … □□□□□□□□□□□

③ 뭘로 하시겠습니까? … □□□□□□□□□

④ 어떻게 있나요? … □□□□□□□□

기본 인사말

- よく わかりません。잘 모르겠어요.
- あまり 難(むず)かしいです。너무 어려워요.
- 休(やす)みには どう すごしましたか。휴일은 어떻게 지내셨나요?
- 必(かなら)ず いらして ください。꼭 오세요.

Chapter

11

肉屋/魚屋
정육점/생선가게

학습포인트

1. 정육점, 생선가게 관련 단어와 표현 연습
2. 고기 굽기 관련 표현
3. 추량표현의 조동사

11 肉屋/魚屋 정육점/생선가게

회화 I

(洋食レストランで)

スタッフ：お客様、ご注文をお伺いいたします。

田中：うーん、にんじん·クリムスープとサーロイン·ステーキ、あ、それにグリン·サラダをステーキと一緒にください。それからビール一本もね。

スタッフ：はい。お肉の焼きかげんはいかがいたしましょうか。

田中：ミーディアムレアにお願いします。

スタッフ：かしこまりました。にんじん·クリムスープとサーロイン·ステーキ、ビール一本、グリン·サラダをステーキと一緒でございますね。

田中：ええ、そうです。ビールは今持って来てもらえますか。

スタッフ：はい、ありがとうございます。すぐにお持ちいたします。

본문해석

(양식 레스토랑에서)

스태프 : 손님, 주문하시겠습니까?

타나카 : 으음, 당근크림수프와 등심스테이크, 거기에 그린샐러드를 스테이크와 같이 주세요. 그리고 맥주 1명도요.

스태프 : 네, 고기 굽기는 어떻게 해 드릴까요?

타나카 : 미디엄 레어로 부탁해요.

스태프 : 알겠습니다. 당근크림수프와 등심스테이크, 맥주 1명, 그린샐러드를 스테이크와 같이 이시죠?

타나카 : 네 맞아요. 맥주는 지금 가져와 주시겠어요?

스태프 : 네, 감사합니다. 바로 가져다드리겠습니다.

단어

- お客様(きゃくさま) : 손님
- 伺(うかが)う : 여쭙다
- サーロインステーキ : 등심스테이크
- グリンサラダ : 그린샐러드
- それから : 그리고
- 一本(いっぽん) : 1병
- 焼(や)きかげん : 굽기(정도)
- ミーディアムレア : 미디엄 레어
- 持(も)つ : 가지다, 들다
- 注文（ちゅうもん）: 주문
- にんじんクリムスープ : 당근크림수프
- それに : 거기에(다가)
- 一緒(いっしょ)に : 같이, 함께
- ビール : 맥주
- お肉(にく) : 고기
- いかが : 어떻게
- 今(いま) : 지금
- すぐに : 바로

회화 Ⅱ

(和食レストランで)

スタッフ : いらっしゃいませ。

田中 : 2人です。予約してないんですが、テーブルありますか。

スタッフ : はい、こちらへどうぞ。お席へご案内いたします。

田中 : はい、どうも。

スタッフ : こちらのお席へどうぞ。

田中 : ありがとう。何にしようかな。天ぷら定食も食べたいし、トンカツも食べたいし、あの、天ぷら定食にはどんな天ぷらがありますか。

スタッフ : エビ·ささみ·イカ·なすなど野菜三品がございますが…。

田中 : おいしそうだな。では、天ぷら定食2つください。

スタッフ : かしこまりました。天ぷら定食2人前でございますね。ほかに何かございませんでしょうか。

田中 : いえ、けっこうです。

スタッフ : ありがとうございます。

본문해석

(일식 레스토랑에서)

스태프 : 어서오십시오.

타나카 : 2명입니다. 예약을 안 했는데, 자리 있나요?

스태프 : 네 이쪽으로 오십시오. 자리에 안내해 드리겠습니다.

타나카 : 네, 고마워요.

스태프 : 여기 자리입니다.

타나카 : 고마워요. 저, 덴푸라정식에는 어떤 튀김이 있나요?

스태프 : 새우, 닭가슴살, 오징어, 가지 등이 있습니다만.....

타나카 : 그래요? 맛있어 보이는데, 그럼 덴푸라정식 두 개 주세요.

스태프 : 알겠습니다. 덴푸라정식 2인분이시죠. 그 밖에 더 필요한 것이 있으십니까?

타나카 : 아니요, 됐습니다.

스태프 : 감사합니다.

단어

- 2人(ふたり) : 2명
- テーブル : 테이블
- 案内(あんない) : 안내
- どうぞ : 자, ~세요(권유)
- トンカツ : 돈가스
- ささみ : (닭)가슴살
- なす : 가지
- 予約(よやく) : 예약
- お席(せき) : 자리
- どうも : 고마워요
- 天(てん)ぷら定食(ていしょく) : 덴푸라정식
- エビ : 새우
- イカ : 오징어
- 野菜(やさい) : 야채

- おいしい : 맛있다
- 2つ(ふたつ) : 2개
- ほかに : 그 밖에
- けっこうだ : 괜찮다
- そうだ : ~일 것 같다, ~인 듯하다
- 2人前(ににんまえ) : 2인분
- 何(なに)か : 뭔가

해설

1. ~し、~し ~고, ~고

「~し、~し』는 두 가지 이상의 사실을 강조하거나 원인, 이유 등을 열거할 때 사용하는 표현이다. 〈형용사/동사의 종지형〉과 〈명사+だ〉에 접속된다.

예 ① 定食(ていしょく)も食べたいし、トンカツも食べたいし。

(정식도 먹고 싶고, 돈가스도 먹고 싶고)

② 波女はきれいだし、性格(せいかく)も明(あか)るいし, みんなに人気(にんき)があります。

(그녀는 예쁘고, 성격도 밝아 모두에게 인기가 있습니다.)

2. ~そうだ

「전문(伝聞)」과 「추량(推量)・양태(様態)」를 나타내는 조동사.

1) 전문 「~라고 한다」

자기가 얻은 정보를 남에게 전달할 때 쓰는 용법으로, 모든 품사의 종지형에 접속.

① 天気予報(てんきよほう)によると、あしたは雨(あめ)が降(ふ)るそうだ / 降らないそうだ

(일기예보에 의하면 내일은 비가 온다고 한다 / 오지 않는다고 한다)

② 先輩の話によると、日本語の試験は難しいそうだ。/ 難しくないそうだ。

(선배 이야기에 의하면 일본어 시험은 어렵다고 한다. / 어렵지 않다고 한다.)

③ おばあさんの話によると、おとうさんは若いころハンサムだったそうです。 / ハンサムではなかったそうです。
(할머니의 말씀에 의하면 아버지는 젊었을 때 미남이었다고 합니다. / 미남이 아니었다고 합니다.)

④ 前田君のおとうさんは教師だそうです。/ 教師ではないそうです。

(마에다 군의 아버지는 선생님이라고 합니다. / 선생님이 아니라고 합니다.)

2) 추량(양태)「~인 것 같다」「~일 것 같다」「~인 듯하다」

〈양태〉, 〈예상/판단〉, 〈직전〉 상황에 대해 말하고자 할 때 쓰는 용법이다. 전후 상황으로 보아 지금이라도 실현 가능성이 있는 동작과 상태를 나타내는데, 주로 예감이나 시각적인 정보에 기초하여 추정한다. 전반적으로 직감적인 뉘앙스가 강한 표현이라 할 수 있다.
동사의 ます형이나 형용사(い형용사, な형용사)의 어간에 접속.

① 양태(외관상 볼 때 충분히 그러한 성질이나 상태가 인정될 때 사용하는 표현)

このパン、おいしそうですね。(이 빵, 맛있을 것 같네요.)

* あの二人は仲がよさそうですね。

(저 두 사람은 사이가 좋은 것 같군요.)

* この村は静かではなさそうだ。(이 마을은 조용하지 않은 듯하다.)

② 예상/판단(현상을 근거로서 예상하여 추측을 할 때 사용하는 표현)

空をみると、あしたは雨が降りそうですね。

(하늘을 보니 내일은 비가 올 것 같군요.)

今年の冬は寒くなりそうですね。(올 겨울은 추울 것 같군요.)

③ 직전(어떤 상황의 전개로 볼 때 뭔가가 일어나기 직전일 때 사용하는 표현)

あっ、銅像(どうぞう)が転(ころ)びそうだ。(앗, 동상이 넘어질 것 같애.)

いまにも泣(な)きそうな顔の彼女。(금방이라도 울 듯한 표정의 그녀)

3. 추량표현의 そうだ·ようだ·らしい·みたいだ·だろう의 비교

- そうだ: 주로 시각적인 정보나 직감에 기초하여 추량
- ようだ: 주로 오감이나 감촉에 기초하여 추량
- らしい: 주로 청각이나 외부전달정보에 기초하여 추량
- みたいだ: [ようだ]의 구어체적인 표현으로 주로 회화체에 많이 쓰임
- だろう: 추량의 표현 중에는 가장 주관적인 것으로, 객관성은 문제가 되지 않고 으로지 자신의 경험이나 지식에 기초하여 추량

예 わがチームは必(かなら)ず優勝(ゆうしょう)するだろう。(우리팀은 반드시 우승할 것이다.)

관련 단어

육류		
肉(にく)	고기	meat
牛肉(ぎゅうにく)	쇠고기	beef
豚肉(ぶたにく)	돼지고지	pork
鶏肉(けいにく)	닭고기	chicken
鴨肉(かもにく)	오리고기	duck meat
羊の肉(ひつじのにく)	양고기	mutton lamb
ユッケ	육회	raw beef
生肉(なまにく)	생고기	raw meat
牛(ぎゅう)タン	소 혀	tongue of beef
もも	허벅지	thigh
ヒレ肉	안심	tenderloin
サーロイン	등심	sirloin
ハラミ	안창살	skirt steak
レバー	간	liver
ささみ	(닭)가슴살	chicken breast
焼(や)き肉	불고기	
焼き物(もの)	구이	
煮付(につ)け	조림	
一切(ひとき)れ	한 토막	
切り身(み)	토막, 포	
原産地(げんさんち)	원산지	
어폐류		
ひらめ	광어	flounder
あわび	전복	abalone
さんま	꽁치	pacific saury
たい(鯛)	도미, 돔	sea bream
ほたて/ほたて貝(がい)	가리비	scallop

さば（鯖）	고등어	mackerel
たちうお	갈치	hairtail
かに(蟹)	게	crab
わたりがに	꽃게	crab
さわら	삼치	Japanese spanish mackerel
はまぐり	백합	clam
まながつお	병어	pomfret fish
あじ	전갱이	horse mackerel
このしろ	전어	gizzard shad
えび(海老)	새우	shrimp
あんこう	아귀	anglerfish
がんぎえい	홍어	skate
うに	성게	sea urchin
さめ	상어	shark
たこ	문어	octopus
いいだこ	주꾸미	webfoot octopus
いか	오징어	squid
いしもち	조기	croaker
まぐろ	다랑어	tuna
あなご	붕장어	conger eel
さけ/鮭	연어	salmon
うなぎ	장어	eel
はまち	방어	young yellowtail
かつお	가다랑어	bonito
あさり	바지락	asari clam
ふぐ	복어	blowfish
いわし	정어리	sardine
かに	게	crab
かい(貝)	조개	shellfish
なまず(鯰)	메기	catfish
いがい	홍합	mussel
ふな	붕어	crucian
こい	잉어	carp
たら	명태	pollack
わかさぎ	빙어	smelt

えい	가오리	ray, stingray
ます	송어	trout
すずき	농어	sea bass
はまぐり	대합	clam
かれい	가자미	sole
さけ(鮭)	연어	salmon
たら	대구	cod
いわし	정어리, 멸치	anchovy
しじみ	바지락	clam
かき	굴	oyster
ぶり	방어	yellow tail
めばる	볼락	rockfish
ゆはだ	전어	gizzard
かずのこ(数の子)	청어알	herring roe
たらこ/明太子(めんたいこ)	명태알/명란젓	soused roe
スモークサーモン	훈제연어	smoked salmon

관련 주요 표현

- 焼肉好きですか? 고기 좋아해요?
- 肉類には牛肉、豚肉、鶏肉、鴨肉などがあります。
  육류에는 소고기, 돼지고기, 닭고기, 오리고기 등이 있어요.
- 私は牛肉よりも豚肉をよく食べます。
  저는 소고기보다 돼지고기를 많이 먹어요.
- 鶏肉は市場で安く手に入ります。
  닭고기는 시장에서 싸게 살 수 있어요.

- 焼肉行ったらカルビは必ず頼みます。

  고깃집에 가면 갈비는 반드시 주문해요.
- 肉屋でカルビの半額セールが行われて、10,000ウォン分買った。

  정육점에서 갈비 반액 세일을 해서, 만원어치 샀다.
- サーロインステーキを2人前ください。등심스테이크 2인분 주세요.
- 霜降（しもふ）り牛2人前ください。꽃등심 2인분 주세요.
- 牛カルビ3人前ください。 소갈비 3인분 주세요.
- 薄切りにしてください。 얇게 썰어주세요.
- 肉をミンチにしてください。 고기를 갈아 주세요.
- 600g(1斤)ください。1근 주세요.
- 柔らかいヒレか牛バラ肉はどうですか？

  부드러운 안심이나 차돌박이는 어때요?
- 私は豚の肩ロースよりサムギョプサルが好きです。

  저는 목살보다 삼겹살을 좋아해요.
- サムギョプサルはこうやってサンチュにくるんで食べるともっと美味しいですよ。삼겹살은 이렇게 상추에 싸 먹으면 더 맛있어요.
- 久しぶりに友達とサムギョプサルで焼酎を一杯やりました。

  오래간만에 친구들과 삼겹살에 소주 한잔했어요.
- 肉片(にくへん)を順々に焼いて一緒に食べた。

  살점을 순서대로 구워 함께 먹었다.
- 赤身肉は、脂肪が少なく、タンパク質が多いです。

  살코기는 지방이 적고, 단백질이 많아요.
- 肉質もやわらかく、肉の臭みもないですね。

  육질도 부드럽고 고기 냄새도 안 나네요.
- 肉より魚の方を食べたい。고기보다 생선이 먹고 싶어.
- 今朝はおかずとしてイシモチが出た。

  오늘 아침은 반찬으로 조기가 나왔다.

- 私は生の魚はだめなんです。전 날생선은 못 먹어요.
- ズワイガニと紅ズワイガニをちゃんと見分けられる人は それほど多くはいない。
  대게와 홍게를 제대로 구별할 수 있는 사람은 그다지 많지 않다.
- 魚市場で買った海産物や乾物が美味しかった。
  어시장에서 산 해산물이나 건어물이 맛있었다.
- 母は魚の身をはがし私のご飯の上にのせてくれた。
  엄마는 생선 살을 떼어내 밥 위에 올려 주었다.
- 鍋に昆布と適当な大きさに切った豆腐を入れてください。
  냄비에 다시마와 적당한 크기로 자른 두부를 넣으세요.
- 島でアワビとホタテを採る。섬에서 전복과 가리비를 따다.
- 魚をさばく。생선을 손질하다(다듬다).
- エラと内臓を取ってください。아가미와 내장을 빼주세요.
- 皮をはいでください。껍질을 벗겨주세요.
- うろこを取ってください。비늘을 벗겨주세요.
- 切り身にしてください 토막을 내주세요.

독해 연습

〈お肉の日本料理〉

■すき焼き

特別な日に食べる方が多かったり、ご馳走だと考えている方も多いであろうメニュー、すき焼き。甘辛いすき焼きのたれで、すき焼き用の牛肉や豆腐、白菜や長ネギ、糸蒟蒻などの具材を炊いて、といた生卵に付けて食べる、言わずも知れた定番の日本料理ですね。そんなすき焼きですが、実は地域によって作られ方が違います。関東では、割下と呼ばれるたれで「煮込む」のですが、関西では、牛脂を使って肉を「焼く」のが主な作り方です。

■しゃぶしゃぶ

しゃぶしゃぶは、昆布などで取られた出汁に、薄く切った牛肉をくぐらせて、火が通ったところでゴマだれやポン酢を付けていただく料理です。しゃぶしゃぶという名称は、1952年に大阪の永楽町スエヒロ本店にて料理を出す時に命名されたと言われています。おしぼりをたらいですすぐ姿が、鍋の中で肉を加熱するのに似ていたことや、その水音が由来だそうです

(내용 출처: https://www.daikokusengyu.co.jp/20200804)

質問１　本文にあっているものをすべて選びなさい。

1. すき焼きは地域によって作られ方が違う。
2. すき焼きはゴマ油に付けて食べる、言わずも知れた定番の日本料理ですね。
3. しゃぶしゃぶという名の由来はおしぼりをたらいですすぐ姿が、鍋の中で肉を加熱するのに似ていたことや、その水音からの発想だったそうだ。
4. しゃぶしゃぶは、出汁に薄く切った牛肉をくぐらせて、火が通ったところでゴマだれやポン酢を付けて食べる料理である。

핵심 단어 & 관용적인 표현 작문

〈핵심 단어〉

① 스테이크 … □□□□

② 새우 … □□

③ 굽기 … □□□□□

④ 텐푸라정식 … □□□□□□□□□

〈관용적인 표현 작문〉

① 바로 가져다 드리겠습니다. … □□□□□□□□□□□

② 같이 주세요. … □□□□□□□□□

③ (아뇨)됐습니다. … □□□□□□

④ 어떻게 해드릴까요? … □□□□□□□□□□□

기본 인사말

- いいえ、ちがいます。 아니에요, 틀립니다.
- よく わかりません。 잘 모르겠습니다.
- どこまで いらっしゃるんですか。 어디까지 가십니까?

Chapter

12

電話応対
전화응대

학습포인트

1. 전화응대 시의 단어와 표현 연습
2. 지난주 등 시간표현 연습
3. ~한 적이 있다/없다

12 電話応対 전화응대

회화 I

金 : もしもし？東京物産の国際営業部でしょうか？

鈴木 : はい、そうでございます。

金 : 私は京東グローバル商事の金財亨と申しますが、国際営業部の横田部長はいらっしゃいますか？

鈴木 : 部長はあいにく今外出中なのですが。

金 : 国際交流の件でご連絡をさしあげたのですが、何時ごろにお戻りになりますか。

鈴木 : 多分５時頃には戻るだろうと思います。

金 : それでは、5時30分頃に改めてお電話をさしあげます。

鈴木 : はい、部長が戻ったら、そのようにお伝えいたします。もう一度お名前と連絡先をお伺いできますか？

金 : はい、金財亨で、電話番号は031−869−9900です。

鈴木　：確認いたします。京東グローバル商事の金財亨さまで、電話番号は031-869-9900ですね。国際営業部の鈴木が承りました。

金　：はい、ありがとうございます。

본문해석

김　: 여보세요! 도쿄물산 국제영업부인가요?

스즈키 : 네 그렇습니다.

김　: 저는 경동글로벌상사의 김재형이라고 합니다만, 국제영업부 요코타 부장님 계신가요?

스즈키 : 부장님은 공교롭게도 지금 외출 중입니다만.

김　: 국제교류 건으로 연락드렸습니다만, 몇 시쯤 돌아오십니까?

스즈키 : 아마도 5시경에는 돌아올 것 같습니다.

김　: 그럼 5시 30분경에 다시 전화 드리겠습니다.

스즈키 : 네 부장님이 돌아오면 그렇게 전해드리겠습니다. 다시 한번 성함과 연락처를 여쭤봐도 될까요?

김　: 네, 김재형이고, 전화번호는 033-869-9900입니다.

스즈키 : 확인하겠습니다. 김재형님이시고, 전화번호가 033-869-9900이지요. 저는 국제영업부 스즈키입니다.

김　: 네, 감사합니다.

단어

- もしもし：여보세요
- 東京物産(とうきょうぶっさん)：도쿄물산
- 国際営業部(こくさいえいぎょうぶ)：국제영업부
- ~でしょうか：~인가요
- そうだ：그렇다
- 京東(ギョンドン)グローバル商事(しょうじ)：경동글로벌상사
- 部長(ぶちょう)：부장(님)
- いらっしゃる：계시다
- 今(いま)：지금
- あいにく：공교롭게도
- 外出中(がいしゅつちゅう)：외출 중
- 交流(こうりゅう)：교류
- 件(けん)：건
- 連絡(れんらく)：연락
- さしあげる：드리다
- 何時頃（なんじごろ）：몇 시경
- 戻(もど)る：돌아오다(가다)
- 5時30分(ごじさんじゅっぷん)：5시 30분
- 改(あらた)めて：새로, 다시
- 電話(でんわ)：전화
- そのように：그렇게
- 伝(つた)える：전하다
- もう一度(いちど)：다시 한번
- 名前(なまえ)：이름
- 連絡先(れんらくさき)：연락처
- 伺(うかが)う：여쭙다
- できる：되다
- 番号(ばんごう)：번호
- 承(うけたまわ)る：(공손히)받다

회화 Ⅱ

金　：もしもし、横田部長の携帯電話でしょうか？

横田　：はい、そうでございますが、どちら様でしょうか。

金　：私は韓国の京東グローバル商事の金財亨と申しますが、今、お電話大丈夫でしょうか？

横田　：はい、大丈夫です。どのようなご用件でしょうか？

金　：はい、国際交流の件で来月中旬ごろ貴社を一度訪問したく、とりあえず電話で連絡いたしました。

横田　：あ、はい、その件なら、いちおう社長から聞いております。

金　：具体的な訪問計画と内容については、貴社に先週郵便で書類をお送りいたしましたので、検討をお願いします。

横田　：はい、了解しました。それが届いたら、内部で検討した後、こちらからお電話をさしあげます。
お電話ありがとうございました。

金　：はい、お電話お待ちしております。よろしくおねがいします。

본문해석

김 : 여보세요! 요코타 부장님 휴대폰 맞으세요?

요코타 : 네 그렇습니다만, 어디십니까?

김 : 저는 경동글로벌상사의 김재형이라고 합니다만, 지금 통화 괜찮으세요?

요코타 : 네, 괜찮습니다. 어떤 일로 전화하셨습니까?

김　　：네 국제교류 건으로 다음 달 중순경 귀사를 한 번 방문하고자, 우선 전화로 연락드렸습니다.

요코타：아 네, 그 건에 관해서는 사장님으로부터 들었습니다.

김　　：구체적인 방문계획과 내용에 관해서는 귀사에 지난주 우편으로 서류를 보내드렸기에, 일단 검토를 부탁드립니다.

요코타：네, 양해했습니다. 서류가 도착하면 내부에서 검토한 후에 저희 쪽에서 전화를 드리도록 하겠습니다. 전화 감사합니다.

김　　：네, 전화 기다리겠습니다. 잘 부탁드립니다.

단어

- 携帯電話(けいたいでんわ)：휴대폰
- 韓国(かんこく)：한국
- どのような：어떤
- 来月(らいげつ)：다음 달
- 貴社(きしゃ)：귀사
- ～たい：～하고 싶다
- ～については：～에 관해서는
- 聞(き)く：듣다
- どちら様(さま)：어디, 누구
- 大丈夫(だいじょうぶ)だ：괜찮다
- 用件(ようけん)：용건
- 中旬(ちゅうじゅん)：중순
- 訪問(ほうもん)：방문
- とりあえず：우선
- 社長(しゃちょう)：사장(님)
- 具体的(ぐたいてき)だ：구체적이다
- 訪問計画（ほうもんけいかく）：방문계획
- 内容(ないよう)：내용
- 郵便(ゆうびん)：우편
- 送(おく)る：보내다
- お願(ねが)い：부탁
- 届(とど)く：도착하다
- 後(あと)：후
- 待(ま)つ：기다리다
- 先週(せんしゅう)：지난주
- 書類(しょるい)：서류
- 検討(けんとう)：검토
- 了解(りょうかい)：양해
- 内部(ないぶ)：내부
- こちらから：저희 쪽에서
- よろしく：잘

해설

1. ~た　ことが　ある / ない ~한 적이 있다 / 없다

「~た ことが ある / ない」는 어떤 일을 한 적이 있는지 없는지 경험(経験)을 물을 때 쓰는 표현이다. 동사의 과거형(た형)에 접속.

예 ① 慶州へ行ったことがあります。
(경주에 가본 적이 있습니다.)

② 一度も飛行機に乗ったことがありません。
(한 번도 비행기를 탄 적이 없습니다.)

2. ~なら ~(이)라면

「～なら」는가정을 나타내는 표현이다.

예 ① お勧めならいつかぜひ行ってみたいですね。
(추천이라면 언젠가 꼭 가보고 싶군요.)

② 男なら男らしくしなさい。(남자라면 남자답게 구시오.)

3. 来週(다음 주)

- 先先週(지난 주)
- 先週(지난 주)
- 今週(이번 주)
- 来週(다음 주)
- 再来週(다다음 주)

4. 시간표현

一昨年 おととし	去年 きょねん	今年 ことし	来年 らいねん	再来年 さらいねん
先先月 せんせんげつ	先月 せんげつ	今月 こんげつ	来月 らいげつ	再来月 さらいげつ
先々週 (せんせんしゅう)	先週 (せんしゅう)	今週 (こんしゅう)	来週 (らいしゅう)	再来週 (さらいしゅう)

관련 단어

電話	전화	
用件	용건/일	
伝言	메시지	
保留	보류	
不在着信	부재중 전화	
着信履歴	통화이력	
電話をかける	전화를 걸다	
電話を受ける	전화를 받다	
つなぐ	연결하다	
会議中	회의중	
外出中	외출중	
食事中	식사중	
出張中	출장중	
休暇中	휴가중	
お休み(休日)	쉬는 날	
空港バス	공항버스	

タクシー	택시	
地下鉄(ちかてつ)	지하철	
空港(くうこう)	공항	
ホテル	호텔	
百貨店(ひゃっかてん)	백화점	
屋台(やたい)	노점	
市場(いちば)	시장	
サービスエリア	휴게소	
痴漢(ちかん)	치한	
泥棒(どろぼう)	도둑	
スリ	소매치기	
置(お)き引(ひ)き	들치기	
詐欺(さぎ)	사기	
ぼったくり	바가지	
ナンバープレート	차량번호	
警察署(けいさつしょ)	경찰서	

관련 주요 표현

- 課長の中田はただいま席を外しております。
  나카타 과장님은 지금 잠깐 자리 비우셨습니다.
- 代理の本田は来週水曜日まで出張中です。
  혼다 대리님은 다음 주 월요일까지 출장 중입니다.
- 部長の横田は明日木曜日に出勤予定です。
  요코타 부장님은 내일 목요일에 출근 예정입니다.
- 社長は3時頃に戻る予定です。 사장님은 3시쯤에 돌아올 예정입니다.
- 社長は少し前に退勤いたしました。 사장님은 조금 전에 퇴근하셨어요.

- 部長は今、別の電話に出ております。부장님은 지금 통화 중입니다.
- 電話が少し長引きそうなのですが、ご伝言を賜りましょうか?
  통화가 길어질 것 같은데요, 메모 남겨 드릴까요?
- 折り返しお電話を差し上げましょうか? 전화 드리도록 할까요?
- お急ぎでしたら、携帯電話にかけてみていただけますか?
  급한 일이시면, 휴대폰으로 전화해보시겠어요?
- 携帯電話の番号はご存知ですか? 휴대폰 번호 아세요?
- 急用があり、すぐに連絡を取りたいのですが、伝言をお願いできますか?
  급한 일이 생겨서 바로 연락 드리고 싶은데요. 메모 부탁드려도 될까요?
- 携帯電話の番号を教えていただくことはできますか?
  휴대폰 번호 좀 알 수 있을까요?
- よろしければ私が代わりに承ります。
  괜찮으시면 제가 대신 여쭤보겠습니다.
- ご伝言を承りましょうか? 메모 남겨 드릴까요?
- お電話代わりました。営業チームの本田秀一です。
  전화 바꿨습니다. 영업팀 혼다슈이치입니다.
- 代わりにお伺いいたします。本田秀一です。
  대신 전화 받았습니다. 혼다슈이치입니다.
- ただいま担当者におつなぎいたします。
  지금 담당자한테 연결해 드리겠습니다.
- おかけ間違いではないですか。잘못 거신 것 같은데요.
- 失礼しました。電話番号を間違えたようです。
  죄송합니다. 잘못 건 것 같습니다.
- 交通事故に遭いました。助けてください。
  교통사고 당했어요. 도와주세요.
- 怪我をしました・病院へ連れて行ってください。
  다쳤어요. 병원에 데려다주세요.

- 具合が悪いです。近い病院はどこですか。
  몸이 안 좋아요. 가까운 병원이 어디예요?
- 救急車を呼んでください。구급차를 불러 주세요.
- パスポートを失くしました。여권을 잃어버렸어요.
- 韓国大使館に連絡してください。일본 대사관에 연락해 주세요.
- クレジットカードを落としました。신용카드를 떨어뜨렸어요.
- 地下鉄に買い物袋を置き忘れました。
  지하철에서 쇼핑봉투를 놓고 내렸어요.
- 近くの警察署はどこですか。가까운 경찰서가 어디예요?
- 道に迷いました。東京駅はどうやって行きますか。
  길을 잃어버렸어요. 도쿄역은 어떻게 가요?

독해 연습

■ 電話応対

電話をかけたり受けたりすることは、社会人にとって日常的な業務のひとつ。韓国の会社や、韓国人を相手にするビジネスの場合も同様です。

声だけで相手とコミュニケーションを取るため、いかに礼儀を欠かずに正しい言葉遣いができるかがポイント。

自分の印象だけでなく、会社の印象をも左右しかねない電話応対を韓国語でスムーズに受け答えができるよう、ビジネスシーンでの電話でよく使われるフレーズをチェックしましょう！

質問 1. 社会人にとって電話応対において一番肝心なポイントは何でしょうか。

(　　　　　　　　　　　　　　　　　　　　　　　　　　)

핵심 단어 & 관용적인 표현 작문

〈핵심 단어〉

① 연락 … □□□□

② 휴대폰 … □□□□□□□

③ 연락처 … □□□□□□

④ 전화번호 … □□□□□□□

〈관용적인 표현 작문〉

① (전화)어디십니까? … □□□□□□□□□□

② (전화)여보세요. … □□□□

③ 부장님 계십니까? … □□□□□□□□□□□□□

④ 여쭤봐도 될까요? … □□□□□□□□□□

기본 인사말

- すばらしいですね。 멋지군요.
- きれいな ところですね。 아름다운 곳이군요.
- とても 静(しず)かですね。 매우 조용하군요.
- まじめな ひとなんですね。 성실한 사람이군요.

부록

일본어 문자와 발음

학습포인트

1. 일본어 문자(오십음도)
2. 일본어 문자 사용
3. 일본어 문자 필순
4. 일본어 문자의 발음

1. 일본어 문자(오십음도)

*오십음도(五十音圖)표 (히라가나 + 가타가나)

	あ단	い단	う단	え단	お단
あ행	あ ア 아 a	い イ 이 i	う ウ 우 u	え エ 에 e	お オ 오 o
か행	か カ 카 ka	き キ 키 ki	く ク 쿠 ku	け ケ 케 ke	こ コ 코 ko
さ행	さ サ 사 sa	し シ 시 shi	す ス 스 su	せ セ 세 se	そ ソ 소 so
た행	た タ 타 ta	ち チ 치 chi	つ ツ 츠 tsu	て テ 테 te	と ト 토 to
な행	な ナ 나 na	に ニ 니 ni	ぬ ヌ 누 nu	ね ネ 네 ne	の ノ 노 no
は행	は ハ 하 ha	ひ ヒ 히 hi	ふ フ 후 hu	へ ヘ 헤 he	ほ ホ 호 ho
ま행	ま マ 마 ma	み ミ 미 mi	む ム 무 mu	め メ 메 me	も モ 모 mo
や행	や ヤ 야 ya		ゆ ユ 유 yu		よ ヨ 요 yo
ら행	ら ラ 라 ra	り リ 리 ri	る ル 루 ru	れ レ 레 re	ろ ロ 로 ro
わ행	わ ワ 와 wo				を ヲ 오 wo
받침	ん ン 응 ung ㅇ, ㄴ, ㅁ(받침글자)				

■ 오십음도(五十音圖)

일본어 문자인 가나를 5자씩 10열 배열한 도표를 오십음도라 하며 10행(行)과 5단(段)으로 이루어져 있다. 오십음도에는 히라가나 오십음도와 가타카나 오십음도가 있다.

〈청음 발음〉

1) 히라가나 오십음도(五十音圖) 표

* 청음(淸音)

	あ단	い단	う단	え단	お단
あ행	あ 아 a あい 사랑	い 이 i いえ 집	う 우 u うえ 위	え 에 e え 그림	お 오 o あお 파랑
か행	か 카 ka かき 감	き 키 ki き 나무	く 쿠 ku きく 국화	け 케 ke いけ 연못	こ 코 ko こえ 소리
さ행	さ 사 sa あさ 아침	し 시 shi しか 사슴	す 스 su すいか 수박	せ 세 se あせ 땀	そ 소 so うそ 거짓말
た행	た 타 ta たけ 대나무	ち 치 chi ちち 아빠	つ 츠 tsu つき 달	て 테 te て 손	と 토 to とけい 시계
な행	な 나 na なし 배	に 니 ni あに 형, 오빠	ぬ 누 nu いぬ 강아지	ね 네 ne ねこ 고양이	の 노 no のり 김
は행	は 하 ha はは 엄마	ひ 히 hi ひこうき 비행기	ふ 후 hu ふね 배	へ 헤 he へや 방	ほ 호 ho ほんだな 서가

ま행	ま 마 ma くま 곰	み 미 mi みみ 귀	む 무 mu むし 벌레	め 메 me め 눈	も 모 mo くも 거미
や행	や 야 ya やま 산		ゆ 유 yu ゆき 눈		よ 요 yo よなか 한밤
ら행	ら 라 ra そら 하늘	り 리 ri りす 다람쥐	る 루 ru くるま 자동차	れ 레 re れっしゃ 열차	ろ 로 ro ろば 당나귀
わ행	わ 와 wo わたし 나				を 오 wo ゆめを みる 꿈을 꾼다
받침	ん 응 ung o, n, m (받침글자) にほんご 일본어				

〈히라가나 단어 암기 동요〉

사랑 가득한 집 지붕 위의 하늘 그림은 파랑
집에는 감 나무와 국화 꽃에, 연못 소리까지 들리고.
아침에 사슴은 수박을 먹고 땀을 흘렸다고 거짓말을 하고
밤에 대나무 베시는 아빠는 달을 손 시계 삼으시고
배를 먹는 형은 강아지 고양이에게 김을 먹이고
엄마는 비행기와 배 장난감을 방 서가에 올려놓으시고
곰의 귀에는 벌레, 눈에는 거미줄
산 속의 눈은 한밤중에 얼고
하늘 다람쥐는 자동차 열차를 타고 당나귀한테 놀러가고
나는 꿈을 꾼다, 외식조리 실무 일본어회화 짱!

2) 가타가나 오십음도(五十音圖) 표

* 청음(清音)

	あ단	い단	う단	え단	お단
あ행	ア 아 a アイスクリーム 아이스크림	イ 이 i イルカ 돌고래	ウ 우 u ウルトラマン 울트라맨	エ 에 e エレベーター 엘리베이터	オ 오 o オートバイ 오토바이
か행	カ 카 ka カメラ 카메라	キ 키 ki キッチン 주방	ク 쿠 ku クッキー 쿠키	ケ 케 ke ケーキ 케이크	コ 코 ko コーヒー 커피
さ행	サ 사 sa サーカス 서커스	シ 시 shi シーソー 시소	ス 스 su スケート 스케이트	セ 세 se セーター 스웨터	ソ 소 so ソーセージ 소세지
た행	タ 타 ta タクシー 택시	チ 치 chi チーズ 치즈	ツ 츠 tsu シャツ 셔츠	テ 테 te テレビ 텔레비전	ト 토 to トマト 토마토
な행	ナ 나 na ナイフ 나이프	ニ 니 ni テニス 테니스	ヌ 누 nu カヌー 카누	ネ 네 ne ネクタイ 넥타이	ノ 노 no ノート 노트
は행	ハ 하 ha ハンバーガー 햄버거	ヒ 히 hi ハイヒール 하이힐	フ 후 hu フライパン 프라이팬	ヘ 헤 he ヘリコプター 헬리콥더	ホ 호 ho ホットドッグ 핫도그
ま행	マ 마 ma マンション 맨션	ミ 미 mi ミルク 우유	ム 무 mu ハム 햄	メ 메 me メロン 멜론	モ 모 mo モノレール 철도

や행	ヤ 야 ya ヤクルト 야쿠르트		ユ 유 yu ユニホーム 유니폼		ヨ 요 yo ヨット 요트
ら행	ラ 라 ra ラジオ 라디오	リ 리 ri リレー 릴레이	ル 루 ru ルビー 루비	レ 레 re レストラン 레스토랑	ロ 로 ro ローラースケート 롤러스케이트
わ행	ワ 와 wo ワンピース 원피스				ヲ 오 wo 해당단어 없음
받침	ン 응 ung o, n, m 받침글자 パン 빵				

2. 일본어 문자 사용

일본어 문자인 가나에는 히라가나(ひらがな, 平假名)와 가타카나(カタカナ, 片假名)의 두 종류가 있다. 현재 히라가나는 일반적인 표기를 할 때 사용되고, 가타카나는 외래어 표기나, 의성어와 의태어, 전보문, 강조표현 등에 사용되고 있다.

1) 일본어 문자 가나의 자원(字源)

가나는 한자를 모체로 한 문자로, 9~10세기경부터 만들어 사용하였다. 히라가나는 한자의 초서체에서 발전한 것이고, 가타카나는 한자의 머리, 부수, 변 등의 일부를 간략화 하여 만든 것이다. '글자의 원천'이라는 의미의 히라가나와 가타카나의 자원(字源)은 다음과 같다.

히라가나(ひらがな) 字源

あ	安	い	以	う	宇	え	衣	お	於
か	加	き	幾	く	久	け	計	こ	己
さ	左	し	之	す	寸	せ	世	そ	曽
た	太	ち	知	つ	川	て	天	と	止
な	奈	に	仁	ぬ	奴	ね	祢	の	乃
は	波	ひ	比	ふ	不	へ	部	ほ	保
ま	末	み	美	む	武	め	女	も	毛
や	也			ゆ	由			よ	与
ら	良	り	利	る	留	れ	礼	ろ	呂
わ	和							を	遠

가타카나(カタカナ) 字源

ア	阿	イ	伊	ウ	宇	エ	江	オ	於
カ	加	キ	幾	ク	久	ケ	介	コ	己
サ	散	シ	之	ス	須	セ	世	ソ	曽
タ	多	チ	千	ツ	川	テ	天	ト	止
ナ	奈	ニ	仁	ヌ	奴	ネ	祢	ノ	乃
ハ	八	ヒ	比	フ	不	ヘ	部	ホ	保
マ	末	ミ	三	ム	牟	メ	女	モ	毛
ヤ	也			ユ	由			ヨ	与
ラ	良	リ	リ	ル	ル	レ	レ	ロ	呂
ワ	和							ヲ	乎

3) 한자어의 읽기

일본어는 가나와 한자를 병용해서 사용한다. 일본은 현재 1945자의 상용 한자(常用漢字)를 정하여 사용하고 있으며, 한자는 우리나라와 달리 정자(正字)를 사용하지 않고 약자(略字)를 사용한다. 이 외에도 수는 적지만, 일본에서 만든 한자인 국자(国字)를 사용하는 경우도 있다.

略字의 예) 學生(학생, 한국)→ 学生(학생, 일본)

国字의 예) 働く(はたらく 일하다)、 峠(とうげ 산고개)、枠(わく 테두리)、
辻(つじ 십자로)、 凪(なぎ 잔잔한 바다)

한국어와 마찬가지로 일본어도 문장 속에 한자를 섞어 쓰는 점은 같다. 그러나 한국어는 한자를 읽을 때 한자의 음으로 읽는 음독(音讀)만 있는 데 비해, 일본어에서는 음독과 더불어 한자의 뜻으로 읽는 훈독(訓讀)이 있다. 또한 두 자 이상의 한자로 이루어진 한자 어휘의 경우는 '音+音, 訓+訓, 音+訓(또는 訓+音)'의 세 가지 조합(組合)이 있다. 즉, 한자어의 읽는 방법에는 크게 나누어 세 가지가 있는데, 한자의 음으로 읽는 음독(音讀)과 한자의 뜻으로 읽는 훈독(訓讀), 그리고 음독과 훈독을 섞어서 사용하는 경우이다.

〈음독과 훈독의 예〉

音讀歌(한국, 가/ 일본, か(가))
音(한국, 음/ 일본, おん(온))
訓讀歌(한국, 사용하지 않음/ 일본, うた(우타(노래))
音(한국, 사용하지 않음/ 일본, おと(오토(소리))

〈한자 어휘의 조합〉

① 음독(音讀)한자를 음으로 읽는 것
 * 国家(こっか 국가)、都市(とし 도시)
② 훈독(訓讀)한자를 뜻으로 읽는 것
 * 国(くに 나라)、都(みやこ 도읍지)

③ 음독 + 훈독, 훈독 + 음독

* 職場(しょくば 직장, 음 + 훈)、身分(みぶん 신분, 훈 + 음)

3. 일본어 문자 필순

■ 청음(清音)

(1) 히라가나 あ행~な행 필순

あ	か	さ	た	な
い	き	し	ち	に
う	く	す	つ	ぬ
え	け	せ	て	ね
お	こ	そ	と	の

(1-1) 가타카나 あ행~な행 필순

ア	カ	サ	タ	ナ
イ	キ	シ	チ	ニ
ウ	ク	ス	ツ	ヌ
エ	ケ	セ	テ	ネ
オ	コ	ソ	ト	ノ

(2) 히라가나 は행~わ행 필순

は	ま	や	ら	わ
ひ	み		り	
ふ	む	ゆ	る	を
へ	め		れ	
ほ	も	よ	ろ	(특수음) ん

(2-2) 가타카나 は행~わ행 필순

ハ	マ	ヤ	ラ	ワ
ヒ	ミ		リ	
フ	ム	ユ	ル	ヲ
ヘ	メ		レ	
ホ	モ	ヨ	ロ	ン

4. 일본어 문자의 발음

〈청음 발음〉

1. あ행

우리말의 〔아, 이, 우, 에, 오〕에 가깝게 발음. 단, 〔う〕 발음은 우리말의 〔우〕와 〔으〕의 중간쯤의 음. 〔う〕단 발음은 이하에서도 동일하게 적용됨. 일본어에서 あ행은 모음임.

2. か행

우리말의 〔카, 키, 쿠, 케, 코〕에 가깝게 발음. 단, か행의 〔k〕음은 단어의 맨 앞에 올 때는 우리말의 발음의 〔ㄱ〕과 〔ㅋ〕에 가깝고, 그 외에는 〔ㅋ〕과 〔ㄲ〕에 가깝게 발음됨.

3. さ행

우리말의 〔사, 시, 스, 세, 소〕에 가깝게 발음됨.

4. た행

우리말의 〔타, 치, 츠, 테, 토〕에 가깝게 발음됨. 단, 〔た〕〔て〕〔と〕음은 단어의 맨 앞에 올 때는 우리말의 발음의 〔ㄷ〕과 〔ㅌ〕에 가깝고, 그 외에는 〔ㅌ〕과 〔ㄸ〕에 가깝게 발음됨. 〔ち〕〔つ〕의 경우는 우리말에는 없는 발음으로, 발음에 유의해야 함.

5. な행

우리말의 〔나, 니, 누, 네, 노〕와 거의 같음.

6. は행

우리말의 〔하, 히, 후, 헤, 호〕에 가깝게 발음. 〔ひ〕와 〔ふ〕는 한국어의 발음보다 강하게 발음됨.

7. ま행

우리말의 〔마, 미, 무, 메, 모〕와 거의 같음.

8. や행

우리말의 〔야, 유, 요〕에 가깝게 발음. 일본어에서 や행은 반모음임.

9. ら행

우리말의 〔라, 리, 루, 레, 로〕와 거의 같음. 영어의 〔l〕로 발음하지 않도록 유의.

10. わ행

〔わ〕는 우리갈의 〔와〕와 거의 같음. 〔を〕의 발음은 あ행의 〔お〕와 동일하며, 목적격 조사로 〔~을(를)〕을 뜻함. [ん]은 받침으로 우리말의 〔ㅇ, ㄴ, ㅁ〕의 세 가지 발음에 가깝게 발음됨.

■ 탁음(濁音)(청음 + ˝)

일본어의 탁음은 오십음도(청음) 중, 「か」, 「さ」, 「た」, 「は」행(行)의 가나 문자 위에 〔˝〕(탁점, 濁点)을 붙여서 나타낸다.

〈히라가나 탁음(濁音) 표〉

が 가 ga めがね 안경	ぎ 기 gi かぎ 열쇠	ぐ 구 gu かぐ 가구	げ 게 ge げんかん 현관	ご 고 go たまご 달걀
ざ 자 za ざしき 손님방	じ 지 zi そうじ 청소	ず 즈 zu すずめ 참새	ぜ 제 ze かぜ 바람	ぞ 조 zo ぞう 코끼리
だ 다 da くだもの 과일	ぢ 지 zi はなぢ 코피	づ 즈 zu つづき 연결	で 데 de でんわ 전화	ど 도 do こども 어린이
ば 바 ba かば 하마	び 비 bi えび 새우	ぶ 부 bu ぶた 돼지	べ 베 be くちべに 립스틱	ぼ 보 bo ぼうし 모자

〈가타카나 탁음(濁音) 표〉

ガ ga ガム 껌	ギ gi ギター 기타	グ gu グラス 컵	ゲ ge ゲスト 손님	ゴ go ゴルフ 골프
ザ za ザボン 자몽	ジ zi ジーンズ 청바지	ズ zu ズボン바지	ゼ ze ゼロ 영	ゾ zo ゾーン 지역, 존
ダ da ダイヤル 다이얼	ヂ zi ー	ヅ zu ー	デ de デザート 디저트	ド do ドア 문
バ ba バナナ 바나나	ビ bi ビール 맥주	ブ bu ブラシ 브러시	ベ be ベルト 벨트	ボ bo ボール 공

〈탁음 발음〉

1. が행

영어의 〔g〕발음과 같음. 우리말의 〔가, 기, 구, 게, 고〕에 비슷하나, 약간 약하고 비음(콧소리)에 가깝게 발음.

2. ざ행

영어의 〔z〕발음과 같음. 우리말의 〔자, 지, 즈, 제, 조〕에 비슷하나, 조금 더 부드럽고 약간 울리게 발음.

3. だ행

영어의 〔d〕에 해당하는 발음. 우리말의 〔다, 지, 즈, 데, 도〕에 가깝게 발음. 〔ぢ〕〔づ〕는 앞의 〔じ〕〔ず〕와 발음이 동일함.

4. ば행

영어의 〔b〕발음과 같음. 우리말의 〔바, 비, 부, 베, 보〕와 거의 같으나, 우리말 〔ㅂ〕보다 부드러운 음임에 유의해야 함.

■ 반탁음(半濁音)(청음 +°)

일본어의 반탁음은 오십음도(청음) 중, 「は」행(行)의 가나문자 위에 [°](반탁점, 半濁点)을 붙여서 나타낸다.

〈히라가나 반탁음(半濁音) 표〉

ぱ 파 pa	ぴ 피 pi	ぷ 푸 pu	ぺ 페 pe	ぽ 포 po
かんぱい 건배	えんぴつ 연필	きっぷ 표	ぺこぺこ 꼬르륵	しっぽ 꼬리

〈가타카나 반탁음(半濁音) 표〉

パ pa	ピ pi	プ pu	ペ pe	ポ po
パンツ 팬츠	ピアノ 파아노	プール 수영장	ペンギン 펭귄	ポスト 우체통

〈반탁음 발음〉

반탁음은 ぱ행뿐임. 단어의 맨 앞에 올 때는 영어의 〔p〕에 해당하는 발음으로 우리말의 〔파, 피, 푸, 페, 포〕에 가깝게 발음. 단어의 중간 이하에 올 때는 〔ㅃ〕에 가깝게 발음됨.

■ 요음(拗音)(い단(段) + 작은 ゃ・ゅ・ょ)

일본어의 요음은 い단(き, ぎ, し, じ, ち, ぢ, に, ひ, び, ぴ, み, り)의 자음 가나문자의 오른쪽 밑 부분에 「ゃ, ゅ, ょ」를 작게 표기하여 두 자처럼 보이지만 앞 음절과 함께 한 음절로 발음한다.

〈히라가나 요음(拗音) 표〉

きゃ	캬 kya	きゅ	큐 kyu	きょ	쿄 kyo
しゃ	샤 sha	しゅ	슈 shu	しょ	쇼 sho
ちゃ	챠 cha	ちゅ	츄 chu	ちょ	쵸 cho
にゃ	냐 nya	にゅ	뉴 nyu	にょ	뇨 nyo
ひゃ	햐 hya	ひゅ	휴 hyu	ひょ	효 hyo
みゃ	먀 mya	みゅ	뮤 myu	みょ	묘 myo
りゃ	랴 rya	りゅ	류 ryu	りょ	료 ryo

ぎゃ	갸 gya	ぎゅ	규 gyu	ぎょ	교 gyo
じゃ	쟈 ja	じゅ	쥬 ju	じょ	죠 jo
びゃ	뱌 bya	びゅ	뷰 byu	びょ	뵤 byo

ぴゃ	퍄 pya	ぴゅ	퓨 pyu	ぴょ	표 pyo

〈가타카나 요음(拗音) 표〉

キャ	kya	キュ	kyu	キョ	kyo
シャ	sha	シュ	shu	ショ	sho
チャ	cha	チュ	chu	チョ	cho
ニャ	nya	ニュ	nyu	ニョ	nyo
ヒャ	hya	ヒュ	hyu	ヒョ	hyo
ミャ	mya	ミュ	myu	ミョ	myo
リャ	rya	リュ	ryu	リョ	ryo

ギャ	gya	ギュ	gyu	ギョ	gyo
ジャ	ja	ジュ	ju	ジョ	jo
ビャ	bya	ビュ	byu	ビョ	byo

ピャ	pya	ピュ	pyu	ピョ	pyo

■ 촉음(促音)(작은「っ」)

촉음은「つ」를 작게 쓴 것. 작은「っ」임. 뒤에 오는 글자에 따라「ㄱ, ㅅ, ㄷ, ㅂ」으로 발음됨. 요음과는 달리 1박자의 음 길이를 가짐.

1)「か」행의 음이 뒤에 올 때는「ㄱ」으로 발음됨.
 * がっこう(학교)、にっき(일기)、がっき(악기)、バッグ(가방)

2)「さ」행의 음이 뒤에 올 때는「ㅅ」으로 발음됨.
 * ざっし(잡지)、あっしょう(압승)、きっさてん(찻집)、マッサージ(마사지)

3)「た」행의 음이 뒤에 올 때는「ㄷ」으로 발음됨.
 * きって(우표)、ヘルメット(헬멧)、スイッチ(스위치)、ロケット(로켓)

4)「ぱ」행의 음이 뒤에 올 때는「ㅂ」으로 발음됨.
 * きっぷ(차표)、いっぷん(1분)、コップ(컵)、トップ(톱, top)

■ 발음(撥音)(받침 글자인「ん」)

발음(撥音)은 받침 글자인「ん」임. 뒤에 오는 글자의 초성음에 따라 우리나라의「ㄴ, ㅁ, ㅇ」과 비슷한 음으로 발음됨.

1)「ざ, た, だ, な, ら」행의 음이 뒤에 올 때는「ㄴ」으로 발음됨.
 * にんじん(당근)、せんたく(세탁)、うんどう(운동)、おんな(여자)

2)「ま, ば, ぱ」행의 음이 뒤에 올 때는「ㅁ」으로 발음됨.
 * とんぼ(잠자리)、しんぶん(신문)、たんぽぽ(민들레)、ハンマ(망치)

3)「か, が」행의 음이 뒤에 올 때는「ㅇ」으로 발음됨.
 * きんか(무궁화)、まんが(만화)、てんいん(점원)、ワンワン(멍멍)

4) 단어의 맨 끝이나 さ행과 모음(あ행), 반모음(や행・わ행), は행 음 앞에 오는 경우는 우리말의「ㄴ」과「ㅇ」의 중간음으로 발음됨. 단, さ행

앞에 오는 경우는 「ㅇ」보다는 「ㄴ」에 좀 더 가깝고, 모음, 반모음, は 행 음 앞에 오는 경우는 「ㄴ」보다는 「ㅇ」에 좀 더 가깝게 발음됨.

* えほん(그림책)、かばん(가방)、でんわ(전화)、しんい(진의(眞意))

■ 장음(長音)

장음은 동일한 단(段)의 음이 연속될 경우, 뒤에 오는 모음을 장음화해서 발음하는 것으로 「あ, い, う, え, お」로 표기됨.

단, 가타카나는 「ー」로 표기함.

1) 〈あ단(段)의 장음〉

「あ」를 붙여서 장음을 나타냄.

* おかあさん(어머니)、おばあさん(할머니)、ハンガー(옷걸이)

2) 〈い단(段)의 장음〉

「い」를 붙여서 장음을 나타냄.

* おにいさん(형님, 오빠)、おじいさん(할아버지)

3) 〈う단(段)의 장음〉

「う」를 붙여서 장음을 나타냄.

* すうがく(수학)、どうぐ(도구)、ふうせん(풍선)

4) 〈え단(段)의 장음〉

「え」를 붙여서 장음을 나타냄. 한자어의 경우는 「え」를 붙여서 장음을 나타내는 경우도 있는데, 이 경우 발음은 [e：(에-)] 또는 [e i (에이)]로 발음함.

* おねえさん(누님, 언니)、とけい(시계)、せんせい(선생님)

5) 〈お단(段)의 장음〉

「う」「お」를 붙여서 장음을 나타냄.

* おとうさん(아버님)、くうこう(공항)、トースト(토스트)

저자약력

김태광(金泰光)

경동대학교 교수
일본문부성 국비장학생
일본국립 고베대학교 대학원 문화학연구과 석사, 박사
Doctor of Philosophy

〈논문〉
「외식사업경영전공의 교육과정 개발에 관한 연구」
「속초시의 다국어 안내표지판 구축 방안」
「게송의 한일 비교 연구」 등 다수

〈저역서〉
『Vision 일본어(상, 하)』(공저)
『외식업일어회화』
『호텔실무일본어』
『금석이야기집 일본부(1~9권)』(공저)
『세계 속의 일본문학』(공저)
『삼보에(상)』 등 다수

외식조리 실무일본어회화

2022년 12월 25일 초판 1쇄 인쇄
2022년 12월 30일 초판 1쇄 발행

지은이 김태광
펴낸이 진욱상
펴낸곳 (주)백산출판사
교 정 박시내
본문디자인 오행복
표지디자인 오정은

등 록 2017년 5월 29일 제406-2017-000058호
주 소 경기도 파주시 회동길 370(백산빌딩 3층)
전 화 02-914-1621(代)
팩 스 031-955-9911
이메일 edit@ibaeksan.kr
홈페이지 www.ibaeksan.kr

ISBN 979-11-6567-625-4 93730
값 15,000원